W0197766

Wilhelm Busch
Es ist mal so, daß ich so bin

Wilhelm Busch

Es ist mal so, daß ich so bin

Gedichte und Bildergeschichten

marixverlag

Copyright © by Marix Verlag GmbH, Wiesbaden 2006
Covergestaltung:Thomas Jarzina, Köln
Bildnachweis: akg-images GmbH, Berlin
Satz und Bearbeitung: Pinkuin Satz und Datentechnik, Berlin
Gesamtherstellung: GGP Media GmbH, Pößneck
Printed in Germany

ISBN 10: 3-86539-092-7
ISBN 13: 978-3-86539-092-9
www.marixverlag.de

Aus den
»Fliegenden Blättern«
und dem
»Münchener Bilderbogen«

Liebesglut

1

Sie liebt mich nicht. Nun brennt mein Herz
Ganz lichterloh vor Liebesschmerz,
Vor Liebesschmerz ganz lichterloh
Als wie gedörrtes Haferstroh.

Und von dem Feuer steigt der Rauch
Mir unaufhaltsam in das Aug,
Daß ich vor Schmerz und vor Verdruß
Viel tausend Tränen weinen muß.

Ach Gott! Nicht lang ertrag' ich's mehr! –
Reicht mir doch Feuerkübel her;
Die füll' ich bald mit Tränen an,
Daß ich das Feuer löschen kann.

2

Seitdem du mich so stolz verschmäht,
Härmt' ich mich ab von früh bis spät,
So daß mein Herz bei Nacht und Tag
Als wie auf heißen Kohlen lag.

Und war es dir nicht heiß genug,
Das Herz, das ich im Busen trug,
So nimm es denn zu dieser Frist,
Wenn dir's gebacken lieber ist.

▶◀

Chor der Kahlköpfe

Wir armen Kahlköpfe sind gar nicht so dumm,
Wir haben kein Haar mehr und wissen warum.
Viel garstige Stunden im wandelnden Jahr,
Die warfen uns borstige Kletten ins Haar.

Wir zupften und rupften mit Weh und mit Ach,
Wir zogen die Kletten, die Locke kam nach.
Ja, garstige Stunden, die rupften uns sehr,
Doch nahmen die guten uns leider noch mehr.

Die heimlichen, süßen, die, rosenbekränzt,
Bacchantisch den schäumenden Becher kredenzt;
Die haben, hingaukelnd ums trunkene Haupt,
Uns schmeichelnd und schelmisch die Locken geraubt.

Verweht sind die Rosen; der Winter will nahn,
Wir müssen schon wieder 'ne Pelzkappen han;
Wir faßten vor Ärger uns gerne beim Schopf
Und finden kein einziges Härchen am Kopf.

►◄

Lieder eines Lumpen

1

Als ich ein kleiner Bube war,
War ich ein kleiner Lump;
Zigarren raucht' ich heimlich schon,
Trank auch schon Bier auf Pump.

Zur Hose hing das Hemd heraus,
Die Stiefel lief ich krumm,
Und statt zur Schule hinzugehn,
Strich ich im Wald herum.

Wie hab' ich's doch seit jener Zeit
So herrlich weit gebracht!
Die Zeit hat aus dem kleinen Lump
'nen großen Lump gemacht.

2

Der Mond und all die Sterne,
Die scheinen in der Nacht,
Hinwiederum die Sonne
Bei Tag am Himmel lacht.

Mit Sonne, Mond und Sternen
Bin ich schon lang vertraut!
Sie scheinen durch den Ärmel
Mir auf die bloße Haut.

Und was ich längst vermutet,
Das wird am Ende wahr:
Ich krieg' am Ellenbogen
Noch Sommersprossen gar.

3

Ich hatt' einmal zehn Gulden!
Da dacht' ich hin und her,
Was mit den schönen Gulden
Nun wohl zu machen wär'.

Ich dacht' an meine Schulden,
Ich dacht' ans Liebchen mein,
Ich dacht' auch ans Studieren,
Das fiel zuletzt mir ein.

Zum Lesen und Studieren,
Da muß man Bücher han,
Und jeder Manichäer
Ist auch ein Grobian;

Und obendrein das Liebchen,
Das Liebchen fromm und gut,
Das quälte mich schon lange
Um einen neuen Hut.

Was sollt' ich Ärmster machen?
Ich wußt' nicht aus noch ein. –
Im Wirtshaus an der Brucken,
Da schenkt man guten Wein.

Im Wirtshaus an der Brucken
Saß ich den ganzen Tag,
Ich saß wohl bis zum Abend
Und sann dem Dinge nach.

Im Wirtshaus an der Brucken,
Da wird der Dümmste klug;
Des Nachts um halber zwölfe,
Da war ich klug genug.

Des Nachts um halber zwölfe
Hub ich mich von der Bank
Und zahlte meine Zeche
Mit zehen Gulden blank.

Ich zahlte meine Zeche,
Da war mein Beutel leer. –
Ich hatt' einmal zehn Gulden,
Die hab' ich jetzt nicht mehr.

4

Im Karneval, da hab' ich mich
Recht wohlfeil amüsiert,
Denn von Natur war ich ja schon
Fürtrefflich kostümiert.

Bei Maskeraden konnt' ich so
Passieren frank und frei;
Man meinte am Entree, daß ich
Charaktermaske sei.

Recht unverschämt war ich dazu
Noch gegen jedermann
Und hab' aus manchem fremden Glas
Manch tiefen Zug getan.

Darüber freuten sich die Leut
Und haben recht gelacht,
Daß ich den echten Lumpen so
Natürlich nachgemacht.

Nur einem groben Kupferschmied,
Dem macht' es kein Pläsier,
Daß ich aus seinem Glase trank,
Er warf mich vor die Tür.

5

Von einer alten Tante
Ward ich recht schön bedacht:
Sie hat fünfhundert Gulden
Beim Sterben mir vermacht.

Die gute alte Tante!
Fürwahr, ich wünschte sehr,
Ich hätt' noch mehr der Tanten
Und – hätt' sie bald nicht mehr!

6

Ich bin einmal hinausspaziert,
Hinaus wohl vor die Stadt.
Da kam es, daß ein Mädchen mir
Mein Herz gestohlen hat.

Ihr Aug war blau, ihr Mund war rot,
Blondlockig war ihr Haar.
Mir tat's in tiefster Seele weh,
Daß solch ein Lump ich war.

7

Seit ich das liebe Mädchen sah,
War ich wie umgewandt,
Es hätte mich mein bester Freund
Wahrhaftig nicht gekannt.

Ich trug, fürwahr, Glacéhandschuh,
Glanzstiefel, Chapeau claque,
Vom feinsten Schnitt war das Gilet
Und magnifik der Frack.

Vom Fuße war ich bis zum Kopf
Ein Stutzer comme il faut,
Ich war, was mancher andre ist,
Ein Lump, inkognito.

Was tat ich ihr zuliebe nicht!
Zur, erstenmal im Leben
Hab' ich mich neulich ihr zulieb
Auf einen Ball begeben.

Sie sah wie eine Blume aus
In ihrer Krinolinen,
Ich bin als schwarzer Käfer mir
In meinem Frack erschienen.

Für einen Käfer – welche Lust,
An einer Blume baumeln!
Für mich – welch Glück, an ihrer Brust
Im Tanz dahinzutaumeln!

Doch ach! Mein schönes Käferglück,
Das war von kurzer Dauer;
Ein kläglich schnödes Mißgeschick
Lag heimlich auf der Lauer.

Denn weiß der Teufel, wie's geschah,
Es war so glatt im Saale,
Ich rutschte – und so lag ich da
Rumbums! mit einem Male.

An ihrem seidenen Gewand
Dacht' ich mich noch zu halten –
Ritsch, ratsch! Da hielt ich in der Hand
Ein halbes Dutzend Falten.

Sie floh entsetzt. – Ich armer Tropf,
Ich meint', ich müßt' versinken,
Ich kratzte mir beschämt den Kopf
Und tät beiseite hinken.

Den ganzen noblen Plunder soll,
Den soll der Teufel holen!
Ein Leutnant von der Garde hat
Mein Liebchen mir gestohlen.

Du neuer Hut, du neuer Frack,
Ihr müßt ins Pfandhaus wandern.
Ich selber sitz' im Wirtshaus nun
Von einem Tag zum andern.

Ich sitz' und trinke aus Verdruß
Und Ärger manchen Humpen.
Die Lieb, die mich solid gemacht,
Die macht mich nun zum Lumpen.

Und wem das Lied gefallen hat,
Der lasse sich nicht lumpen;
Der mög dem Lumpen, der es sang,
Zum Dank – 'n Gulden pumpen.

▶◀

Liebesgeschichten des Jeremias Pechvogel

Erste Liebe

1

Da draußen vor dem Tore,
Da steht ein Lindenbaum,
Wo ich so süß geträumet
Der ersten Liebe Traum.

Da draußen vor dem Tore
In stiller Abendstund
Hab' ich ihr oft geküsset
Die Stirne und den Mund.

Da draußen vor dem Tore,
Wo sie mich hinbestellt,
Schenkt' ich ihr dies und jenes
Von meinem Taschengeld.

Da draußen vor dem Tore,
Beim stillen Mondenschein,
Da schenkt' ich meiner Holden
Von Gold ein Ringelein.

Da draußen vor dem Tore,
Da schien der Mond so hell.
Ich war ein junger Schüler,
S i e eine Nähmamsell.

2

In jener dunklen Gasse,
Da wohnt der Pfänderjud,
Da hab' ich's auch erfahren,
Wie falsche Liebe tut.

In jene dunkle Gasse,
Da ging ich heimlich nur;
Bei Abraham, dem Juden,
Versetzt' ich meine Uhr.

In jener dunklen Gasse,
Dort in des Juden Schrein,
Da seh' ich etwas glänzen
Als wie ein Ringelein.

In jener dunklen Gasse,
Da sah ich – tief gekränkt
Das Ringlein ew'ger Treue,
Das ich ihr jüngst geschenkt.

In jener dunklen Gasse,
Da ward mir alles klar.
Mit meiner ersten Liebe
War's aus für immerdar.

Zweite Liebe

1

Ich wohnte hinten nach dem Hof hinaus,
Mir gegenüber stand ein altes Haus.

Das alte Haus, das hat der Fenster viel,
Doch eins war meiner Augen stetes Ziel.

Denn an dem Fenster, blumenüberdeckt,
Saß jeden Tag ein Mädchen halbversteckt.

Sie las – begoß die Rosen – hie und da
Ihr schmachtend Aug zu mir herübersah.

Da klebt' ich an mein Fenster, halb im Scherz,
Aus rosa Glanzpapier ein flammend Herz.

Sie aber wandte sich. – Mit weißer Hand
Spielt' sie an ihrem losen Busenband.

Und träumerisch, als wär' es aus Versehn,
Ließ sie die Schleife aus dem Fenster wehn.

Ich hob sie auf, ich küßt' sie tausendmal.
Mein Visavis war auch mein Ideal.

2

Auf Promenaden sahen wir uns nie;
Doch schrieb sie mir und ich, ich schrieb an sie.

Viel Liebes und viel Scheines schrieb sie mir
Auf goldumsäumtem rosa Postpapier.

Doch eins – dies eine sollte uns entzwei'n,
Eins schrieb sie nicht. – Sie hatt' ein kurzes Bein.

Dritte Liebe

1

Meine Freunde und Gesellen
Haben mich dazu verleitet,
Daß zu den Casinobällen
Ich sie neuerdings begleitet.

Kaum daß in den Saal wir kamen,
Fühlt' ich schon mein Herz erbeben,
Denn die schönste aller Damen
Sah ich leicht vorüberschweben.

Leicht und krinolinenluftig,
Halb gefühlt und halb gesehen,
Fein Eau-de-Cologne-duftig
Spürt' ich ihr Vorüberwehen.

Ihre Wange war umgaukelt
Von den Locken lang und lose,
Und als wie auf Wellen schaukelt
Ihr am Busen eine Rose.

Und das Aug, das feurig-matte –
Ja! Ich mußt' sie engagieren.
Eilig zupft' ich die Krawatte,
Würdig mich zu präparieren.

2

Ach! Wie ist mir nur geschehen?!
– Ihn, den ich schon lange scheute,
Hatt' ich gänzlich übersehen,
Jenen Herrn an ihrer Seite.

Er fixierte mich so listig
Mit vertrautem Augenzwinken;
Und, weiß Gott! mir war, als müßt' ich
Spurlos in den Boden sinken.

Heimlich bin ich fortgeschlichen.
Jener Herr – so war es leider! –,
Dem ich lang schon ausgewichen,
War ihr Vater und – mein Schneider.

►◄

Unglücklicher Zufall

Ich ging wohl hundert Male
Die Straße ein und aus,
Ich stand bei Sturm und Regen
Vor meiner Liebsten Haus.

Bei Sturm und kaltem Regen
Stand ich vergeblich dort,
Denn die gestrenge Mutter,
Die ließ sie ja nicht fort.

Ich selber hab' dem Regen,
Ich hab' dem Sturm getrutzt,
Nur meine neuen Stiefel,
Die sind ganz abgenutzt.

Und heute, da ich lässig
An meinem Fenster steh',
Trifft sich's, daß ich mein Liebchen
Vorübergehen seh'.

Sie nickt und winkt verstohlen,
Sie sieht mich zärtlich an,
Und ich, ich kann's nicht sagen,
Daß ich nicht kommen kann.

Ich kann's ihr ja nicht sagen,
Dem wunderholden Kind,
Daß meine einz'gen Stiefel
Heut grad beim Schuster sind.

▶◄

Schreckliche Folgen eines Bleistifts

Ballade

1

O Madrid, ich muß dich hassen,
Denn du hast ihn schnöd verkannt,
Den Murillo seinen besten
Schüler stets mit Stolz genannt.

Keiner hatte wie Pedrillo
Dieses lange Lockenspiel,
Keiner trug Hispaniens Mantel
Mit so vielem Kunstgefühl;

Keiner wiegte auf dem Haupte
Solchen hohen, spitzen Hut,
Und das edle Bleistiftspitzen
Konnt' er aus dem Grunde gut.

Meistens nahm er Nr. 7,
Und mit kunstgeübter Hand
Spitzt' er ihn an beiden Enden,
Weil er dieses praktisch fand.

Einstmals merkte dies Murillo,
Und er sprach mit ernstem Ton:
»Was ich eben da bemerke,
Das gefällt mir nicht, mein Sohn;

Denn ich glaube, daß du hierin
Sehr auf falschem Wege bist,
Weil es erstens sehr gefährlich,
Zweitens auch nicht nötig ist.«

Doch Pedrillo (wie gewöhnlich
Diese jungen Leute sind)
Schlug Murillos weise Lehre
Lirum larum! in den Wind.

2

Übrigens (das muß man sagen)
Was die edle Kunst betraf,
Überhaupt in seinem Fache,
War Pedrillo wirklich brav.

So z. B. die Madonna;
Ja, wer hätte das gedacht?
Selbst der große Don Murillo
Hätte Beßres nicht gemacht.

Aber so was kostet Mühe,
Und es kostet auch noch Geld,
Denn Pedrillo hatte häufig
Sich dazu Modell bestellt.

Sie war eine Schneiderstochter
Aus der Vorstadt von Madrid,
Schwarze Augen, blonde Flechten
Brachte dieses Mädchen mit.

Als Pedrillo nun gemalet
Dieses Mädchen als Porträt,
War der große Don Murillo
Auch nicht ungern in der Näh'.

Früh vom Morgen bis zum Abend
Unterweist der Meister ihn,
Und Pedrillo folgte willig
Stets mit eifrigem Bemühn.

Aber abends, wo ein jeder
Gerne seine Ruhe hat,
Führt' Pedrillo jenes Mädchen
Oft spazieren vor die Stadt.

Einstmals merkte dies Murillo,
Und er sprach mit ernstem Ton:
»Was ich eben da bemerke,
Das gefällt mir nicht, mein Sohn;

Denn ich glaube, daß du hierin
Sehr auf falschem Wege bist,
weil es erstens sehr gefährlich,
Zweitens auch nicht nötig ist.«

Doch Pedrillo (wie gewöhnlich
Diese jungen Leute sind)
Schlug Murillos weise Lehre
Lirum, larum! in den Wind.

3

Schon am nächsten Donnerstage,
Als ein schöner Abend war,
Sah man draußen vor dem Tore
Dieses pflichtvergeßne Paar.

Zu dem dort'gen Myrtenhaine
Gingen sie im Mondeslicht,
Aber keiner sah sie wieder,
Wenigstens lebendig nicht.

Denn es sprach zu ihr Pedrillo:
»Sprich, Geliebte, liebst du mich?«
Und sie preßt' ihn an den Busen,
Sprechend: »Ja, ich liebe dich!«

»Au!« schrie plötzlich da Pedrillo,
Und das Mädchen schrie es auch;
Tödlich fielen beide nieder
Unter einen Myrtenstrauch.

Keiner wußte, was geschehen,
Bis des Morgens in der Früh,
Denn da kam ein alter Klausner
Durch den Wald und merkte sie.

Und als er die beiden Leichen
In der Nähe sich besah,
Fand er alles sehr natürlich,
Denn, ach Gott! was fand er da?

Ach, ein Bleistift Nr. 7,
Den Pedrillo zugespitzt,
Zugespitzt an beiden Enden,
Hatte dieses Blut verspritzt.

Als Murillo dies vernommen,
Sprach er sanft und weinte sehr:
»Ach! O Jüngling, spitze niemals
Einen harten Bleistift mehr;

Führe Mädchen nie spazieren,
Denn dies Beispiel zeigt es klar,
Daß es erstens sehr gefährlich,
Zweitens auch nicht nötig war.«

►•◄

Trauriges Resultat einer vernachlässigten Erziehung

Ach, wie oft kommt uns zu Ohren,
Daß ein Mensch was Böses tat,
Was man sehr begreiflich findet,
Wenn man etwas Bildung hat.

Manche Eltern sieht man lesen
In der Zeitung früh bis spät;
Aber was will dies bedeuten,
Wenn man nicht zur Kirche geht?

Denn man braucht nur zu bemerken,
Wie ein solches Ehepaar
Oft sein eignes Kind erziehet,
Ach, das ist ja schauderbar!

Ja, zum Instheatergehen,
Ja, zu so was hat man Zeit,
Abgesehn von andren Dingen,
Aber wo ist Frömmigkeit?

Zum Exempel, die Familie,
Die sich Johann Kolbe schrieb,
Hatt' es selbst sich zuzuschreiben,
Daß sie nicht lebendig blieb.

Einen Fritz von sieben Jahren
Hatten diese Leute bloß,
Außerdem, obschon vermögend,
Waren sie ganz kinderlos.

Nun wird mancher wohl sich denken:
Fritz wird gut erzogen sein,
Weil ein Privatier sein Vater;
Doch da tönt es leider: Nein!

Alles konnte Fritzchen kriegen,
Wenn er seine Eltern bat,
Apfel-, Birnen-, Zwetschgenkuchen,
Aber niemals guten Rat.

Das bewies der Schneider Böckel,
Wohnhaft Nummer 5 am Eck;
Kaum, daß dieser Herr sich zeigte,
Gleich schrie Fritzchen: »Meck, meck, meck!«

Oftmals, weil ihn dieses kränkte,
Kam er und beklagte sich,
Aber Fritzchens Vater sagte:
Dieses wäre lächerlich.

Wozu aber soll das führen,
Ganz besonders in der Stadt,
Wenn ein Kind von seinen Eltern
Weiter nichts gelernet hat?

So was nimmt kein gutes Ende. –
Fast verging ein ganzes Jahr,
Bis der Zorn in diesem Schneider
Eine schwarze Tat gebar.

Unter Vorwand eines Kuchens
Lockt er Fritzchen in sein Haus,
Und mit einer großen Schere
Bläst er ihm das Leben aus.

Kaum hat Böckel dies verbrochen,
Als es ihn auch schon scheniert,
Darum nimmt er Fritzchens Kleider,
Welche grün und blau kariert.

Fritzchen wirft er schnell ins Wasser,
Daß es einen Plumpser tut,
Kehrt beruhigt dann nach Hause,
Denkend: »So, das wäre gut!«

Ja, es setzte dieser Schneider
An die Arbeit sich sogar,
Welche eines Tandlers Hose
Und auch sehr zerrissen war.

Dazu nahm er Fritzchens Kleider,
Weil er denkt: »Dich krieg ich schon!«
Aber ach, ihr armen Eltern,
Wo ist Fritzchen, euer Sohn?

In der Küche steht die Mutter,
Wo sie einen Fisch entleibt,
Und sie macht sich große Sorge,
Wo nur Fritzchen heute bleibt?

Als sie nun den Fisch aufschneidet,
Da war Fritz in dessen Bauch. –
Tot fiel sie ins Küchenmesser,
Fritzchen! war ihr letzter Hauch.

Wie erschrak der arme Vater,
Der grad eine Prise nahm;
Heftig fängt er an zu niesen,
Welches sonst nur selten kam.

Stolpern und durchs Fenster stürzen,
Ach, wie bald ist das geschehn!
Ach, und Fritzchens alte Tante
Muß auch grad vorübergehn.

Dieser fällt man auf den Nacken,
Knacks! da haben wir es schon!
Beiden teuren Anverwandten
Ist die Seele sanft entflohn.

Drob erstaunten viele Leute,
Und man munkelt allerlei,
Doch den wahren Grund der Sache
Fand die wackre Polizei.

Nämlich eins war gleich verdächtig:
Fritz hat keine Kleider an!
Und wie wäre so was möglich,
Wenn es dieser Fisch getan?

Lange fand man keinen Täter,
Bis man einen Tandler fing,
Der, es war ganz kurz nach Ostern,
Eben in die Kirche ging.

Ein Gendarm, der auf der Lauer,
Hatte nämlich gleich verspürt,
Daß die Hose dieses Tandlers
Hinten grün und blau kariert.

Und es war ein dumpf Gemurmel
Bei den Leuten in der Stadt,
Daß 'ne schwarze Tandlerseele
Dieses Kind geschlachtet hat.

Hochentzücket führt den Tandler
Man zur Exekution;
Zwar er will noch immer mucksen,
Aber wupp! da hängt er schon.

Nun wird mancher hier wohl fragen:
Wo bleibt die Gerechtigkeit?
Denn dem Schneidermeister Böckel
Tut bis jetzt man nichts zuleid.

Aber in der Westentasche
Des verstorbnen Tandlers fand
Man die Quittung seiner Hose
Und von Böckels eigner Hand.

Als man diese durchgelesen,
Schöpfte man sogleich Verdacht,
Und man sprach zu den Gendarmen:
Kinder, habt auf Böckel acht!

Einst geht Böckel in die Kirche.
Plötzlich fällt er um vor Schreck,
Denn ganz dicht an seinem Rücken
Schreit man plötzlich: »Meck, meck, meck!«

Dies geschah von einer Ziege,
Doch für Böckel war's genug,
Daß sein schuldiges Gewissen
Ihn damit zu Boden schlug.

Ein Gendarm, der dies verspürte,
Kam aus dem Versteck herfür,
Und zu Böckel hingewendet,
Sprach er: »Böckel, geh mit mir!«

Kaum noch zählt man 14 Tage,
Als man schon das Urteil spricht:
Böckel sei aufs Rad zu flechten.
Aber Böckel liebt dies nicht.

Ach! die große Schneiderschere
Ließ man leider ihm, und Schnapp!
Schnitt er sich mit eignen Händen
Seinen Lebensfaden ab.

Ja, so geht es bösen Menschen.
Schließlich kriegt man seinen Lohn.
Darum, o ihr lieben Eltern,
Gebt doch acht auf euern Sohn!

►◄

Die Mohrenträne

Don Rodrigo, Don Rodrigo,
Kühnster aller Kavaliere,
Die auf hohem Rosse kamen
Zu Sevillas Festturniere,

Sprich, Rodrigo, stolzer Degen!
Was soll deiner Augen Glühen,
Und was soll der dunklen Brauen
Sturmumwölktes Faltenziehen?

Und er fluchte: »Donna Clara!
Donna Clara!« flucht' er wütend
Und verschwand in seinem Zelte,
Dunkel, einsam, unheilbrütend.

Aber draußen vor dem Zelte
Wacht der alte, treue, brave,
Vielerprobte, oftgebläute,
Schwarzverpichte Mohrensklave.

Seine Lippen, fest geschlossen,
Bergen die demantnen Zähne,
Und es rinnt von seinem Auge
Eine dicke Mohrenträne.

»Molo, du mein schwarzer Sklave,
Sklave aus dem Mohrenlande,
Eile flugs zum Bärenwirte
An Sevillas Mauerrande!

Bringe mir vom Allerbesten,
Mir das Herz daran zu letzen,
Denn was Lieb an mir verbrochen,
Soll der Wein mir nun ersetzen!

Eine Flasche, Donna Clara,
Von dem allerbesten Fasse,
Eine trank ich unsrer Liebe,
Zehne trink ich unserm Hasse!«

Und es rennt der schwarze Sklave,
Und er bringt der Flaschen zehne.
Und es rinnt von seinem Auge
Eine dicke Mohrenträne.

»Armer Molo, schwarzer Molo,
Weine nur, o Molo, weine!
Eine Flasche trank Rodrigo,
Und er trank sie ganz alleine.

Eine Flasche trank Rodrigo,
Und er trank sie seiner Liebe,
Und du kriegtest für gewöhnlich
Einmal nur des Tages Hiebe.

Zehne trinkt er seinem Hasse –
Weine nur, o Molo, weine! –
Jetzt bekommst du zehnmal Hiebe,
Und du kriegst sie ganz alleine!«

Also spricht der schwarze Sklave,
Spricht's durch seine weißen Zähne,
Und es rinnt von seinem Auge
Eine dicke Mohrenträne.

▶◀

Metaphern der Liebe

1

Welche Augen! Welche Miene!
Seit ich dich zuerst gesehen,
Engel in der Krinoline,
Ist's um meine Ruh geschehen.

Ach! In fieberhafter Regung
Lauf ich Tag und Nacht spazieren,
Und ich fühl es, vor Bewegung
Fang ich an zu transpirieren.

2

Und derweil ich eben schwitze,
Hast du kalt mich angeschaut;
Von den Stiefeln bis zur Mütze
Spür ich eine Gänsehaut.

Wahrlich! Das ist sehr bedenklich,
Wie ein jeder leicht ermißt,
Wenn man so schon etwas kränklich
Und in Nankinghosen ist.

3

Würde deiner Augen Sonne
Einmal nur mich freundlich grüßen,
Ach! Vor lauter Lust und Wonne
Schmölz ich hin zu deinen Füßen.

Aber ach! Aus deinen Blicken
Wird ein Strahl herniederwettern,
Mich zerdrücken und zerknicken
Und zu Knochenmehl zerschmettern.

Die Ballade von den sieben Schneidern

Es hatten sieben Schneider gar einen grimmen Mut;
Sie wetzten ihre Scheren und dürsteten nach Blut.

Dort auf der breiten Heide loff eine Maus daher,
Und wär sie nicht geloffen, so lebte sie nicht mehr.

Und zu derselben Stunde (es war um halber neun)
Sah dieses mit Entsetzen ein altes Mütterlein.

Die Schneider mit den Scheren, die kehrten sich herum,
Sie stürzten auf die Alte mit schrecklichem Gebrumm.

»Heraus nun mit dem Gelde! Da hilft kein Ach und Weh!«
Das Mütterlein, das alte, das kreischte: »Ach herrje!«

Ein Geißbock kam geronnen, so schnell er eben kann,
Und stieß mit seinem Horne den letzten Schneidersmann.

Da fielen sieben Schneider pardauz! auf ihre Nas
Und lagen beieinander maustot im grünen Gras.

Und sieben Schneiderseelen, die sah man aufwärts schwirrn;
Sie waren anzuschauen wie sieben Fäden Zwirn.

Der Teufel kam geflogen, wie er es meistens tut,
Und fing die sieben Seelen in seinem Felbelhut.

Der Teufel, sehr verdrießlich, dem war der Fang zu klein,
Drum schlug er in die Seelen gleich einen Knoten drein.

Er hängt das leichte Bündel an eine dürre Lind',
Da pfeifen sie gar kläglich, piep, piep, im kühlen Wind.

Und zieht ein Wandrer nächtlich durch dieses Waldrevier,
So denkt er bei sich selber: »Ei, ei, wer pfeift denn hier?«

Der zu wachsame Hund

Vom Wirtshaus kommt Herr Petermann,
Sein treuer Hund geht ihm voran.

Pardauz! Da liegt Herr Petermann,
Weil er den Steg nicht finden kann.

Und traurig schaut der Hund ihn an,
Doch sieh! Dort naht ein Wandersmann.

Mitleidig naht der Wandersmann,
Zu retten den Herrn Petermann.

Doch als er faßt Herrn Petermann,
Packt ihn der Hund von hinten an.

Der Wandrer läuft, so schnell er kann,
Im Graben bleibt Herr Petermann.

Und als die dunkle Nacht verrann,
Schlug seinen Hund Herr Petermann.

Moral

So du nachts gern zur Schenke gehst
Und heimwärts nicht recht feste stehst,
Dann halt ein Hündlein dir zumeist,
Was weder vorn noch hinten beißt.

▸•◂

Der Lohn einer guten Tat

(Eine wahre Geschichte)

Wenn man von dem Lohn der Tugend
Hin und wieder was erfährt,
So ist das im allgemeinen
jedenfalls nur wünschenswert.

Aber so was kann mich ärgern,
Wenn man in der Zeitung sieht,
Was dem Johann Luënicka
Für sein gutes Werk geschieht.

Von Geburt aus Leitomischl,
Handwerksbursche von Metjeh,
Kam er auch auf seiner Reise
Einst an einen großen See.

Plötzlich sieht er einen Knaben,
Welcher etwa dreizehn Jahr,
Und, nachdem er sich gebadet,
Eben beim Ertrinken war.

Dieses kann Johann nicht leiden,
Stürzt sich mutig in die Flut,
Faßt das Kind beim linken Beine,
Aber ach! verliert den Hut.

Erst jedoch, nachdem er alle
Rettungsmittel angewandt,
Fühlt er mittelst seiner Hände,
Daß er seinen Hut nicht fand.

Unbemittelt und vertrauend
Auf das Werk, das er getan,
Hält er bei der Ortsgemeinde
Höflichst um Belohnung an.

Hier nimmt man das Anersuchen
Auch sogleich zu Protokoll
Und berichtet an das Kreisamt,
Wie man sich verhalten soll.

Von dem Kreisamt schreibt man wieder,
Und der Brave ist schon froh.
Aber groß war sein Erstaunen;
Denn die Antwort lautet so:

»Erstens, da der Luënicka
Schwimmen kann, so ist es klar,
Daß sein Leben bei der Sache
Nicht besonders in Gefahr.

Drum, nach reiflichem Bedenken,
Lautet unser Amtsbeschluß,
Daß die fragliche Belohnung
Jedenfalls von Überfluß.

Zweitens hat der Luënicka
Sein Ersuchen eingeschickt,
Ohne daß, wie es gesetzlich,
Ihm ein Stempel aufgedrückt;

Drum, nach reiflichem Bedenken,
Lautet unser Amtsbeschluß,
Daß er 72 Kreuzer
Stempeltaxe zahlen muß.«

Ja, so lautet die Erkenntnis. –
Zahlen muß der junge Mann,
Ob ihm gleich von jedem Auge
Eine stille Träne rann.

Und wir fragen uns im stillen:
Wozu nützt die gute Tat,
Wenn ein tugendsamer Jüngling
Obendrein noch Kosten hat?!

▸◂

Das Teufelswirtshaus

Ein Schelmenlied

Es stund ein Wirtshaus an der Höh,
War gar so nett und fein;
Da setzten sich von nah und fern
Die großen und die kleinen Herrn
Bei Bier und Branntewein.

Der Wirt, der war kein frummer Christ,
Hielt nicht die Zehn Gebot:
Oftmalen um die Mitternacht
Hat ihm der Teufel Geld gebracht
Hernieder durch den Schlot.

Der Teufel hat 'n gluhen Schweif,
Brennt schwefellichterloh;
Fuhr einstmals auch zum Dach herein
Und zog den langen Schweif nicht ein,
Hoho! Da brennt das Stroh.

Das Stroh, das brennt, das Dach, das brennt,
Der Teufel fuhr heraus,
Die Gäste fielen von der Bank,
Dieweil es so nach Schwefel stank,
Und krabbeln vor das Haus.

Der Teufel sitzt im Apfelbaum
Und plärrt als wie ein Kind;
Er heult und plärrt und weint so sehr,
Daß ihm die dicke Wagenschmeer
Von seinen Äuglein rinnt.

»Du dummer Teufel, sei doch still!
Fahr lieber in die Höll'
Und hol 'n Sack voll Geld herauf,
So bau'n wir's Wirtshaus wieder auf,
Hier an derselben Stell'.

Und wenn der Teufel das nicht will,
So läßt's der Teufel sein.
Wir trinken frisch, wir trinken froh,
Ist's nicht allhier, ist's anderswo;
Stoß an, fein's Brüderlein!«

▶◄

Das Lied von der roten Nase

Meine schöne rote Nase
Kommt mir gar nicht übel für,
Und daß ihr darüber spottet,
Freunde, das verbitt' ich mir.

Diese Nase ist mein eigen,
Ist in manchem Sturm erprobt,
Und wenn andre sie nicht loben,
Sei sie von mir selbst gelobt.

Ja, ich trage sie mit Stolze
Auf dem Meer und auf dem Land,
Denn ich hab', ihr könnt mir's glauben,
Manchen Gulden dran gewandt.

Treulich hat sie mich begleitet,
Bald zum Schnaps und bald zum Wein,
Darum glänzt sie auch so prächtig
Wie ein roter Edelstein. –

Und wenn erst die Stürme sausen
Durch das Land zur Winterszeit,
Dann erst steht sie recht im Glanze
Und in voller Herrlichkeit.

Dann will sie mir oft erscheinen,
Wenn ich sie im Spiegel schau',
Wie die schönste Purpurrose,
Frisch benetzt vom Morgentau.

Eine Rose, die symbolisch
Meinem ahnungsvollen Geist
Nach den rauhen Winterstürmen
Frühlings Wiederkehr verheißt.

Eine Rose, nicht wie andre,
Die, von rascher Glut erregt,
Bald verblühen und verblassen,
Wenn man sie zum Ofen trägt.

Nein! Sie ist die Wunderrose,
Die gepriesen oft im Lied!
»Jene Rose ohne Dornen,
Die zu allen Zeiten blüht.«

▶◄

Der Hahnenkampf

Eine Fabel

Der Gickerich, ein Gockel fein,
Schaut in den Topf voll Brüh hinein.

Ein zweiter, Gackerich genannt,
Kommt auch sogleich herzugerannt.

Und jeder langt mit Mühe
Im Topfe nach der Brühe.

Der Gicker- und der Gackerich
Betrachten und fixieren sich.

Zum Kampf gerüstet und ganz nah,
So stehn sie Aug' in Auge da.

Sie fangen mit den Tatzen
Entsetzlich an zu kratzen

Und schlagen sich die Sporen
Um ihre roten Ohren.

Jetzt rupft der Gickerich, o Graus,
Dem Gackerich die schönste Feder aus.

Doch Gackerich, der erst entfloh,
Macht's jetzt dem andern ebenso

Und zieht den Gickerich noch obendrein
Beim Schopfe in den Topf hinein.

Da kämpfen sie noch ganz erhitzt,
Daß rundherum die Brühe spritzt.

Und keiner hält sich für besiegt,
Obschon der Topf am Boden liegt.

Jetzt kommt der Schnauzel hergerennt
Und macht dem ganzen Streit ein End.

Sieh da, die Hähne gehn nach Haus
Und sehen ganz erbärmlich aus.

Der Schnauzel frißt den Rest der Brüh',
Den Schaden hat das Federvieh.

►◄

Die Rache des Elefanten

Den Elefanten sieht man da
Spazierengehn in Afrika.

Gemütlich geht er zur Oase
Und trinkt vermittelst seiner Nase.

Ein Mohr, aus Bosheit und Pläsier,
Schießt auf das Elefantentier.

Da dreht der Elefant sich um
Und folgt dem Neger mit Gebrumm.

Vergebens rennt der böse Mohr,
Der Elefant faßt ihn beim Ohr.

Er zieht ihn unter Weh und Ach
Zu einem nahen Wasserbach.

Da taucht er ihn ganz munter
Mit seinem Rüssel unter.

Den Mohren hätte unterdessen
Beinah das Krokodil gefressen.

Nun aber spritzt den Negersmann
Der Elefant mit Wasser an.

Er hebt ihn bei den Hosen auf
Und trägt ihn fort in schnellem Lauf.

Und wirft ihn in ein Kaktuskraut;
Der Kaktus sticht, der Mohr schreit laut.

Der Elefant geht still nach Haus,
Der Mohr sieht wie ein Kaktus aus.

►•◄

Der Bauer und sein Schwein

Ein Bauer treibt in guter Ruh
Sein fettes Schwein der Heimat zu.

Bei einem Wirte kehrt er ein
Und kauft sich einen Branntewein.

Da zieht das Schwein, der Bauer fällt,
Weil er sich auf das Seil gestellt.

Des Wirtes Nachbar und sein Sohn,
Die warten auf die Knödel schon.

Auf einmal kommt herein die Sau
Und stößt die gute Nachbarsfrau.

Heraußen steht das Bäuerlein
Und wartet auf sein fettes Schwein.

Das Schwein läuft aus der Tür heraus,
Der Bauer reitet fort im Saus.

Dem Schweine kommt das lästig vor,
Drum wälzt es sich im feuchten Moor.

Ins Schilderhaus verkriecht es sich,
Der Bauer spricht: »Jetzt hab' ich dich!«

Er setzt sich auf das Schilderhaus,
Da schaut des Schweines Schwanz heraus.

Der Wirt, Soldat und Nachbarsmann,
Die greifen jetzt den Bauer an.

Doch endlich schlachtet man das Schwein,
Da freute sich das Bäuerlein.

►•◄

Die kluge Ratte

Es war einmal eine alte graue Ratte,
Die, wie man sieht, ein Faß gefunden hatte.

Darauf, so schaut die Ratte hin und her,
Was in dem Fasse drin zu finden wär'.

Schau, schau! Ein süßer Honig ist darein,
Doch leider ist das Spundloch viel zu klein.

Indes die Ratten sind nicht gar so dumm,
Sieh nur, die alte Ratte dreht sich um.

Sie taucht den langen Schwanz hinab ins Faß
Und zieht ihn in die Höh' mit süßem Naß.

Nun aber ist die Ratte gar nicht faul
Und zieht den Schwanz
sich selber durch das Maul.

▶•◀

Zwei Stammbuchverse

1

Wenn man sich einander kennet
Und sich Freund und Freundin nennet,
Reißt des Schicksals Donnerwort
Uns aus unsern Armen fort.
Doch, obschon dies zu beklagen,
Muß man nicht sogleich verzagen,
Denn der Freundschaft lange Hand
Reicht bis durch den Zollverband.

2

Wo du bist und wo ich sei,
Ferneweg und nahebei;
Überall und auch indessen
Werd' ich deiner nicht vergessen;
Dein gedenk' ich, still erfreut,
Selbsten in der Einsamkeit;
Ja, im dicksten Publikum
Schwebt mein Geist um dich herum.

▶•◀

Die unangenehme Überraschung

Der Altgesell ist froh und lacht,
Weil ihm die erste Maß gebracht.

Der Stoff ist heute sehr zu loben,
Drum wird sofort der Krug gehoben.

Schlupp! rinnt das Bier durch seine Kehle
Auf einmal in die heiße Seele.

Was ist denn das, denkt er erschreckt,
Daß dieses so abscheulich schmeckt?!

Da hat er es! – O Schreck und Graus!
Ha! Welch abscheul'che, tote Maus!

Jaja! – Kaum will man sich erfreu'n,
So kommt gleich was Fatales drein!

►◄

Der Bauer und das Kalb

Ein Bauer, der kein Geld mehr hat,
Der brächte gern sein Kalb zur Stadt.

Doch schau: wie dieses Tier sich sträubt
Und widerspenstig stehenbleibt.

Der liebenswürdige Bauersmann
Bietet umsonst ihm Kräuter an.

Vergebens druckt er es und schiebt,
Das Kalb bleibt stehn, wie's ihm beliebt.

Und ganz vergeblich ebenfalls
Sucht er es fortzuziehn am Hals.

Jetzt schau! wie er's mit Disteln sticht:
Das Kalb schreit: »Bäh!« – doch geht es nicht.

Er nimmt das Kalb bei Schweif und Ohr,
Doch bleibt es störrig wie zuvor.

Mit Drohen und Lehren
Sucht er es zu bekehren.

Doch schon im nächsten Augenblick
Möcht' es durchaus zum Stall zurück.

Da denkt er, es mit Schlägen
Zum Gehen zu bewegen.

Allein trotz allem Schlagen
Muß er das Kalb noch tragen.

Weil das ihm aber lästig ist,
Besinnt er sich auf eine List.

Er hängt die Glocke um, schreit: »Muh!«
Da glaubt das Kalb, er sei die Kuh.

►◄

Die Entführung aus dem Serail

Der Sultan winkt – Zuleima schweigt
Und zeigt sich gänzlich abgeneigt.

»Ha!« ruft der Sultan zorn'gen Muts,
»Führt sie hinweg!!« – Der Sklave tut's.

45

Der Ritter Arthur sucht voll Tücken
Des Hauses Wächter zu berücken.

Schon trinkt die Wache ziemlich viel,
Herr Arthur stimmt sein Lautenspiel.

Jetzt ist die Schildwach schon betrunken –
Und schau! Zuleima hat gewunken.

Hier grüßt man sich voll Zärtlichkeit;
– Gebt acht! Der Aga ist nicht weit!

Der ruft: »Herr Sultan, kommt in Eil'!
Grad steigt da wer in das Serail!«

Die beiden Türken steigen nach
Bis zu Zuleimas Vorgemach.

Kaum sind die beiden Türken oben,
Da wird die Leiter umgeschoben.

Der Aga sticht in großer Hitze
Dem Sultan in die Nasenspitze.

Das Pärchen aber, froh und heiter,
Entflieht per Schiff und segelt weiter.

Dem Sultan aber klopft das Herz
Vor Herzenspein und Nasenschmerz.

►•◄

Die feindlichen Nachbarn

oder Die Folgen der Musik

Ein Maler und ein Musikus,
So Wand an Wand, das gibt Verdruß.

Besonders wird das Saitenspiel
Dem Nebenmenschen oft zuviel.

Schon hat der Maler, sehr verdrossen,
Sich seine Ohren zugeschlossen.

Doch so ein rechtes Flageolett
Dringt durch. – Der Maler kriecht ins Bett. –

– Jetzt kommt vermittelst einer Pfeife
Des Malers Racheplan zur Reife.

Das Wasser rinnt ins Instrument;
Der Musikus schreit: »Zapperment!«

Er kommt, von Rachedurst durchdrungen,
Ins Atelier hereingesprungen;

Und packt – ritsch, ratsch! – mit kühner Hand
Den Maler durch die Leinewand.

Nun geht es los! – Der Pudel naht
Und mischt sich in das Attentat.

Der Musikus kämpft unverdrossen
Und wird mit Sikkativ begossen.

Am Ende läßt man ab vom Streite;
Der Pudel freut sich seiner Beute.

Verruiniert stehn beide da. –
Das tatest du, Frau Musika!

Schmied und Teufel

Ein kleiner Teufel, bös und frech,
Kommt aus der Hölle, schwarz wie Pech.

Der Schmied tut sich entsatzen,
Der Teufel will ihn kratzen.

Durch eine hohle Tonnen
Ist ihm der Schmied entronnen.

Der Schmied sitzt bei der Schraube,
Der Teufel zupft die Haube.

Der Teufel nähert der Klammer sich:
Ja, siehst du wohl! Da hat er dich!

Er faßt ihn mit der Zange,
Dem Teufel wird es bange.

Er legt ihn über den Amboß quer,
Au, au! Da schreit der Teufel sehr.

Der Schwanz wird abgekniffen.
Der Teufel hat gepfiffen.

Er heult und fährt zur Hölle nieder:
»Das sag' ich meiner Großmutter wieder!!«

►•◄

Die Verwandlung

Die gute Schwester Anna spricht
Zu Bruder Karl: »Ach, nasche nicht!«

Doch der will immer weiter lecken.
Da kommt die Mutter mit dem Stecken.

Er läuft bis vor das Hexenhaus,
Da baumelt eine Wurst heraus.

Schwipp! fängt ihn an der Angel schlau
Die alte, böse Hexenfrau.

Dem Karl ist sonderbar zumute,
Die Hexe schwingt die Zauberrute

Und macht durch ihre Hexerein
Aus Karl ein kleines Quiekeschwein.

Schon fängt der Hexe böser Mann
Das Messer scharf zu schleifen an.

Da findet das treue Schwesterlein
Die Wunderblume mit lichtem Schein.

Und eben als die Bösen trachten,
Das Quiekeschwein sich abzuschlachten,

Da tritt herein das Ännchen. –
Das Schwein quiekt und rennt;
Die Hexe fällt ins Messer,
der böse Mann verbrennt.

Und Bruder Karl verliert auch bald
Die traurig-schweinerne Gestalt;

Da ist er froh
Und spricht: Nie mach' ich's wieder so!

Die Folgen der Kraft

Mit kühnem Mut aus seinem Bett
Schwingt sich der Turner Hoppenstedt.

Schon ist das Hantelpaar bereit
Zu frisch-fromm-freier Tätigkeit.

Der Bizeps wird zuerst geübt,
Er, der dem Arm die Spannkraft gibt.

Einseitig aber ist der Mann,
Der's nicht mit beiden Händen kann.

Stramm sei der Nacken, daß man trage
Das Vollgewicht in kühner Waage.

Besonders auch versäumt er nie
Des Beines Muskelenergie.

Derweil sitzt unten beimKaffee
Herr Meck und deutet in die Höh'.

Es wächst die Kraft. – Doch unten hier
Liest Vater Meck in dem Kurier.

Und kracks! – Zu groß wird das Gewicht;
Die Decke trägt es nicht – und – bricht.

Und Hoppenstedt, wie er sich stemme,
Saust schon in Topf und Butterbemme.

Man läuft, man fällt nach allen Seiten,
Und Hoppenstedt fängt an zu reiten.

Er eilt hinaus mit schnellem Schritt,
Und Topf und Butter eilen mit.

Am schlimmsten aber – oh! oh! oh! –
Erging es dem guten Fidelio.

►◄

Katze und Maus

Ort der Handlung: Die Küche.
Links ein Mauseloch, rechts ein Loch im Stiefel.
Eine Pumpe.
Ein Kleiderstock, woran eine Hose hängt.
Eine Stallaterne und ein Topf mit Wichse.

Die Maus spaziert in die Laterne,
Der böse Kater sieht's von ferne.

Den Kleiderstock erklimmt die Maus,
Der Kater nach in einem Saus.

Schnapp springt er zu: das Glas zerbricht;
Die Maus, die kriegt er aber nicht.

Hier sausen sie durchs Hosenbein,
Die Maus heraus, die Katz' hinein.

Klatsch! fällt der Kater mit dem Kopf
In einen schwarzen Wichsetopf.

Der Kater ist ein halber Mohr,
Die Maus springt in das Stiefelrohr.

Der Kater denkt: Dich krieg' ich noch!
Der Stiefel aber hat ein Loch.

Hier springt denn auch die gute Maus
Bereits zum Stiefelloch heraus.

Die Maus läuft schnell ins Mäusenest;
Der Kater sitzt im Stiefel fest.

Ja, stelle dich nur auf den Kopf!
Der Stiefel bleibt dir doch am Schopf.

Die Köchin und der Hausknecht sehn
Mit Staunen an, was hier geschehn.

Und beide sieht man mit Bemühn
An Katzenschwanz und Stiefel ziehn.

Pardauz! Da haben wir es ja!
Sie liegen alle beide da.

Der Kater, der's verdient gehabt,
Wird eingeklemmt und abgeklappt.

Und wenn sich einer schwarz gemacht,
Mit Wasser wird's herausgebracht.

Die Mäuse aber springen
Im Kreis herum und singen:

Der brave Stiefel hat ein Loch!
Der Stiefel lebe! Vivat hoch!

Max und Moritz

Eine Bubengeschichte
in sieben Streichen

Max und Moritz machten beide,
Als sie lebten, keinem Freude:
Bildlich siehst du jetzt die Possen,
Die in Wirklichkeit verdrossen,
Mit behaglichem Gekicher,
Weil du selbst vor ihnen sicher.
Aber das bedenke stets:
Wie man's treibt, mein Kind, so geht's.

VORWORT

Ach, was muß man oft von bösen
Kindern hören oder lesen!
Wie zum Beispiel hier von diesen,
Welche Max und Moritz hießen;
Die, anstatt durch weise Lehren
Sich zum Guten zu bekehren,
Oftmals noch darüber lachten
Und sich heimlich lustig machten.
Ja, zur Übeltätigkeit,
ja, dazu ist man bereit!
Menschen necken, Tiere quälen,
Äpfel, Birnen, Zwetschgen stehlen,
Das ist freilich angenehmer
Und dazu auch viel bequemer,
Als in Kirche oder Schule
Festzusitzen auf dem Stuhle.
Aber wehe, wehe, wehe!
Wenn ich auf das Ende sehe!!
Ach, das war ein schlimmes Ding,
Wie es Max und Moritz ging!
Drum ist hier, was sie getrieben,
Abgemalt und aufgeschrieben.

ERSTER STREICH

Mancher gibt sich viele Müh'
Mit dem lieben Federvieh;
Einesteils der Eier wegen,
Welche diese Vögel legen;
Zweitens: Weil man dann und wann
Einen Braten essen kann;
Drittens aber nimmt man auch
Ihre Federn zum Gebrauch
In die Kissen und die Pfühle,
Denn man liegt nicht gerne kühle.
Seht, da ist die Witwe Bolte,
Die das auch nicht gerne wollte.

Ihrer Hühner waren drei
Und ein stolzer Hahn dabei.

Max und Moritz dachten nun:
Was ist hier jetzt wohl zu tun?
Ganz geschwinde, eins, zwei, drei,
Schneiden sie sich Brot entzwei,
In vier Teile, jedes Stück
Wie ein kleiner Finger dick.
Diese binden sie an Fäden,
Übers Kreuz, ein Stück an jeden,
Und verlegen sie genau
In den Hof der guten Frau.

Kaum hat dies der Hahn gesehen,
Fängt er auch schon an zu krähen:
Kikeriki! Kikikerikih!! –
Tak, tak, tak! – Da kommen sie.

Hahn und Hühner schlucken munter
Jedes ein Stück Brot hinunter;

Aber als sie sich besinnen,
Konnte keines recht von hinnen.

In die Kreuz und in die Quer
Reißen sie sich hin und her,

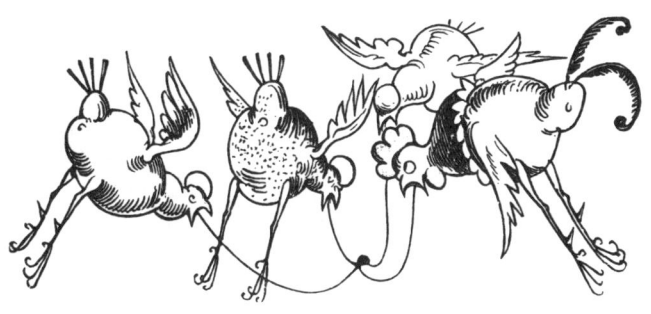

Flattern auf und in die Höh',
Ach herrje, herrjemine!

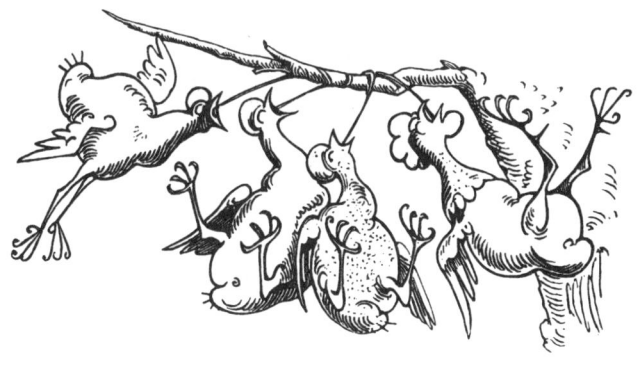

Ach, sie bleiben an dem langen,
Dürren Ast des Baumes hangen.
Und ihr Hals wird lang und länger,
Ihr Gesang wird bang und bänger.

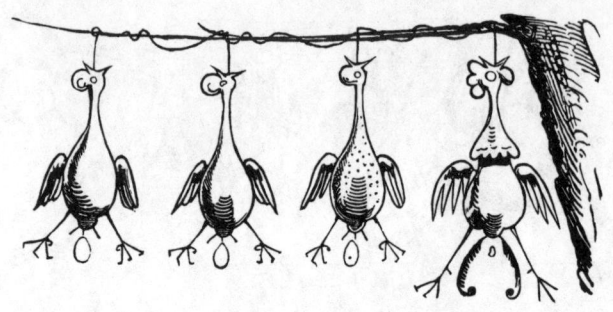

Jedes legt noch schnell ein Ei,
Und dann kommt der Tod herbei.

Witwe Bolte in der Kammer
Hört im Bette diesen Jammer;

Ahnungsvoll tritt sie heraus,
Ach, was war das für ein Graus!

»Fließet aus dem Aug', ihr Tränen!
All mein Hoffen, all mein Sehnen,
Meines Lebens schönster Traum
Hängt an diesem Apfelbaum!«

Tiefbetrübt und sorgenschwer
Kriegt sie jetzt das Messer her,
Nimmt die Toten von den Strängen,
Daß sie so nicht länger hängen,

Und mit stummem Trauerblick
Kehrt sie in ihr Haus zurück.
Dieses war der erste Streich,
Doch der zweite folgt sogleich.

ZWEITER STREICH

Als die gute Witwe Bolte
Sich von ihrem Schmerz erholte,
Dachte sie so hin und her,
Daß es wohl das beste wär',
Die Verstorbnen, die hienieden
Schon so frühe abgeschieden,
Ganz im stillen und in Ehren
Gut gebraten zu verzehren.
Freilich war die Trauer groß,
Als sie nun so nackt und bloß
Abgerupft am Herde lagen,
Sie, die einst in schönen Tagen
Bald im Hofe, bald im Garten
Lebensfroh im Sande scharrten. –

Ach, Frau Bolte weint aufs neu,
Und der Spitz steht auch dabei.
Max und Moritz rochen dieses.
»Schnell aufs Dach gekrochen!« hieß es.

Durch den Schornstein mit Vergnügen
Sehen sie die Hühner liegen,
Die schon ohne Kopf und Gurgeln
Lieblich in der Pfanne schmurgeln.

Eben geht mit einem Teller
Witwe Bolte in den Keller,
Daß sie von dem Sauerkohle
Eine Portion sich hole,
Wofür sie besonders schwärmt,
Wenn er wieder aufgewärmt.

Unterdessen auf dem Dache
Ist man tätig bei der Sache.
Max hat schon mit Vorbedacht
Eine Angel mitgebracht.

Schnupdiwup! Da wird nach oben
Schon ein Huhn heraufgehoben.
Schnupdiwup! Jetzt Numro zwei;
Schnupdiwup! Jetzt Numro drei;
Und jetzt kommt noch Numro vier:
Schnupdiwup! Dich haben wir!

Zwar der Spitz sah es genau,
Und er bellt: Rawau! Rawau!

Aber schon sind sie ganz munter
Fort und von dem Dach herunter.

Na! Das wird Spektakel geben,
Denn Frau Bolte kommt soeben;
Angewurzelt stand sie da,
Als sie nach der Pfanne sah.

Alle Hühner waren fort. –
»Spitz!!« – Das war ihr erstes Wort.
»O du Spitz, du Ungetüm!
Aber wart! Ich komme ihm!«

Mit dem Löffel groß und schwer
Geht es über Spitzen her;

Laut ertönt sein Wehgeschrei,
Denn er fühlt sich schuldenfrei.

Max und Moritz im Verstecke
Schnarchen aber an der Hecke,
Und vom ganzen Hühnerschmaus
Guckt nur noch ein Bein heraus.
Dieses war der zweite Streich,
Doch der dritte folgt sogleich.

Jedermann im Dorfe kannte
Einen, der sich Böck benannte.
Alltagsröcke, Sonntagsröcke,
Lange Hosen, spitze Fräcke,
Westen mit bequemen Taschen,
Warme Mäntel und Gamaschen,
Alle diese Kleidungssachen
Wußte Schneider Böck zu machen.
Oder wäre was zu flicken,
Abzuschneiden, anzustücken,
Oder gar ein Knopf der Hose
Abgerissen oder lose,
Wie und wo und was es sei,
Hinten, vorne, einerlei,
Alles macht der Meister Böck,
Denn das ist sein Lebenszweck.
Drum so hat in der Gemeinde
jedermann ihn gern zum Freunde.
Aber Max und Moritz dachten,
Wie sie ihn verdrießlich machten.

Nämlich vor des Meisters Hause
Floß ein Wasser mit Gebrause.

Übers Wasser führt ein Steg,
Und darüber geht der Weg.

Max und Moritz, gar nicht träge,
Sägen heimlich mit der Säge,
Ritzeratze! voller Tücke,
In die Brücke eine Lücke.

Als nun diese Tat vorbei,
Hört man plötzlich ein Geschrei:
»He, heraus! Du Ziegen-Böck!
Schneider, Schneider, meck, meck, meck!«
Alles konnte Böck ertragen,
Ohne nur ein Wort zu sagen;
Aber wenn er dies erfuhr,
Ging's ihm wider die Natur.

Schnelle springt er mit der Elle
Über seines Hauses Schwelle,
Denn schon wieder ihm zum Schreck
Tönt ein lautes: »Meck, meck, meck!«

Und schon ist er auf der Brücke,
Kracks! Die Brücke bricht in Stücke;

Wieder tönt es: »Meck, meck, meck!«
Plumps! Da ist der Schneider weg!

Grad als dieses vorgekommen,
Kommt ein Gänsepaar geschwommen,

Welches Böck in Todeshast
Krampfhaft bei den Beinen faßt.

Beide Gänse in der Hand,
Flattert er auf trocknes Land.

Übrigens bei alledem
Ist so etwas nicht bequem;

Wie denn Böck von der Geschichte
Auch das Magendrücken kriegte.

Hoch ist hier Frau Böck zu preisen!
Denn ein heißes Bügeleisen,
Auf den kalten Leib gebracht,
Hat es wiedergutgemacht.

Bald im Dorf hinauf, hinunter,
Hieß es: »Böck ist wieder munter!«
Dieses war der dritte Streich,
Doch der vierte folgt sogleich.

VIERTER STREICH

Also lautet ein Beschluß,
Daß der Mensch was lernen muß.
Nicht allein das Abc
Bringt den Menschen in die Höh
Nicht allein in Schreiben, Lesen
Übt sich ein vernünftig Wesen;
Nicht allein in Rechnungssachen
Soll der Mensch sich Mühe machen,
Sondern auch der Weisheit Lehren
Muß man mit Vergnügen hören.
Daß dies mit Verstand geschah,
War Herr Lehrer Lämpel da.

Max und Moritz, diese beiden,
Mochten ihn darum nicht leiden;
Denn wer böse Streiche macht,
Gibt nicht auf den Lehrer acht.

Nun war dieser brave Lehrer
Von dem Tobak ein Verehrer,
Was man ohne alle Frage
Nach des Tages Müh und Plage
Einem guten, alten Mann
Auch von Herzen gönnen kann.

Max und Moritz, unverdrossen,
Sinnen aber schon auf Possen,
Ob vermittelst seiner Pfeifen
Dieser Mann nicht anzugreifen.

Einstens, als es Sonntag wieder
Und Herr Lämpel, brav und bieder,
In der Kirche mit Gefühle
Saß vor seinem Orgelspiele,

Schlichen sich die bösen Buben
In sein Haus und seine Stuben,
Wo die Meerschaumpfeife stand;
Max hält sie in seiner Hand;

Aber Moritz aus der Tasche
Zieht die Flintenpulverflasche,
Und geschwinde, stopf, stopf, stopf!
Pulver in den Pfeifenkopf. –
Jetzt nur still und schnell nach Haus,
Denn schon ist die Kirche aus. –

Eben schließt in sanfter Ruh
Lämpel seine Kirche zu;

Und mit Buch und Notenheften
Nach besorgten Amtsgeschäften

Lenkt er freudig seine Schritte
Zu der heimatlichen Hütte,

Und voll Dankbarkeit sodann
Zündet er sein Pfeifchen an.

»Ach!« – spricht er – »Die größte Freud
Ist doch die Zufriedenheit!!«

Rums!! – Da geht die Pfeife los
Mit Getöse, schrecklich groß.
Kaffeetopf und Wasserglas,
Tobaksdose, Tintenfaß,
Ofen, Tisch und Sorgensitz –
Alles fliegt im Pulverblitz. –

Als der Dampf sich nun erhob,
Sieht man Lämpel, der gottlob
Lebend auf dem Rücken liegt;
Doch er hat was abgekriegt.

Nase, Hand, Gesicht und Ohren
Sind so schwarz als wie die Mohren,
Und des Haares letzter Schopf
Ist verbrannt bis auf den Kopf.

Wer soll nun die Kinder lehren
Und die Wissenschaft vermehren?
Wer soll nun für Lämpel leiten
Seine Amtestätigkeiten?
Woraus soll der Lehrer rauchen,
Wenn die Pfeife nicht zu brauchen?

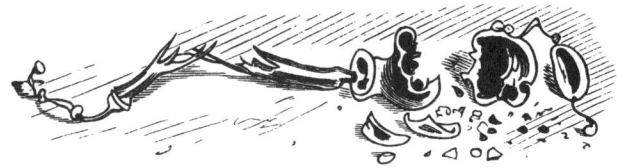

Mit der Zeit wird alles heil,
Nur die Pfeife hat ihr Teil.
Dieses war der vierte Streich,
Doch der fünfte folgt sogleich.

FÜNFTER STREICH

Wer in Dorfe oder Stadt
Einen Onkel wohnen hat,
Der sei höflich und bescheiden,
Denn das mag der Onkel leiden.
Morgens sagt man: »Guten Morgen!
Haben Sie was zu besorgen?«
Bringt ihm, was er haben muß:
Zeitung, Pfeife, Fidibus.
Oder sollt' es wo im Rücken
Drücken, beißen oder zwicken,
Gleich ist man mit Freudigkeit
Dienstbeflissen und bereit.

Oder sei's nach einer Prise,
Daß der Onkel heftig niese,
Ruft man: »Prosit!« alsogleich.
»Danke!« – »Wohl bekomm' es Euch!«
Oder kommt er spät nach Haus,
Zieht man ihm die Stiefel aus,
Holt Pantoffel, Schlafrock, Mütze,
Daß er nicht im Kalten sitze –
Kurz, man ist darauf bedacht,
Was dem Onkel Freude macht.

Max und Moritz ihrerseits
Fanden darin keinen Reiz.
Denkt euch nur, welch schlechten Witz
Machten sie mit Onkel Fritz!

Jeder weiß, was so ein Mai-
Käfer für ein Vogel sei.
In den Bäumen hin und her
Fliegt und kriecht und krabbelt er.

Max und Moritz, immer munter,
Schütteln sie vom Baum herunter.

In die Tüte von Papiere
Sperren sie die Krabbeltiere.

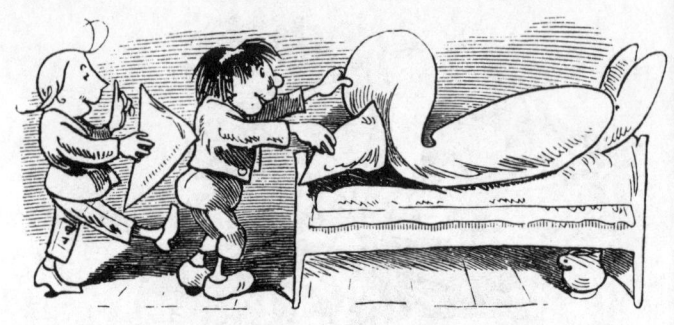

Fort damit und in die Ecke
Unter Onkel Fritzens Decke!

Bald zu Bett geht Onkel Fritze
In der spitzen Zippelmütze;

Seine Augen macht er zu,
Hüllt sich ein und schläft in Ruh.

Doch die Käfer, kritze, kratze!
Kommen schnell aus der Matratze.

Schon faßt einer, der voran,
Onkel Fritzens Nase an.

»Bau!« – schreit er – »Was ist das hier?!«
Und erfaßt das Ungetier.

Und den Onkel, voller Grausen,
Sieht man aus dem Bette sausen.

»Autsch!!« – Schon wieder hat er einen
Im Genicke, an den Beinen;

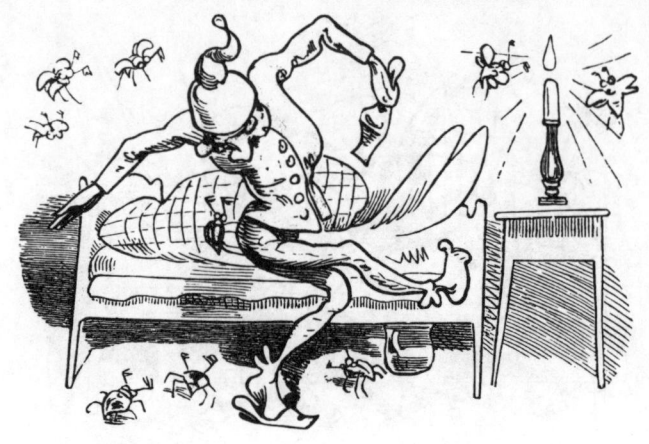

Hin und her und rundherum
Kriecht es, fliegt es mit Gebrumm.

Onkel Fritz, in dieser Not,
Haut und trampelt alles tot.

Guckste wohl! Jetzt ist's vorbei
Mit der Käferkrabbelei!

Onkel Fritz hat wieder Ruh
Und macht seine Augen zu.
Dieses war der fünfte Streich,
Doch der sechste folgt sogleich.

SECHSTER STREICH

In der schönen Osterzeit,
Wenn die frommen Bäckersleut'
Viele süße Zuckersachen
Backen und zurechte machen,
Wünschten Max und Moritz auch
Sich so etwas zum Gebrauch.

Doch der Bäcker, mit Bedacht,
Hat das Backhaus zugemacht.

Also will hier einer stehlen,
Muß er durch den Schlot sich quälen.

Ratsch! Da kommen die zwei Knaben
Durch den Schornstein, schwarz wie Raben.

Puff! Sie fallen in die Kist',
Wo das Mehl darinnen ist.

Da! Nun sind sie alle beide
Rundherum so weiß wie Kreide.

Aber schon mit viel Vergnügen
Sehen sie die Brezeln liegen.

Knacks!! – Da bricht der Stuhl entzwei;

Schwapp!! – Da liegen sie im Brei.

Ganz von Kuchenteig umhüllt
Stehn sie da als Jammerbild.

Gleich erscheint der Meister Bäcker
Und bemerkt die Zuckerlecker.

Eins, zwei, drei! – Eh' man's gedacht,
Sind zwei Brote draus gemacht.

In dem Ofen glüht es noch –
Ruff!! – damit ins Ofenloch!

Ruff!! – man zieht sie aus der Glut;
Denn nun sind sie braun und gut.

Jeder denkt, die sind perdü!
Aber nein! – Noch leben sie!

Knusper, knasper! – wie zwei Mäuse
Fressen sie durch das Gehäuse;

Und der Meister Bäcker schrie:
»Ach herrje! Da laufen sie!«
Dieses war der sechste Streich,
Doch der letzte folgt sogleich.

LETZTER STREICH

Max und Moritz, wehe euch!
Jetzt kommt euer letzter Streich!

Wozu müssen auch die beiden
Löcher in die Säcke schneiden??

Seht, da trägt der Bauer Mecke
Einen seiner Maltersäcke.

Aber kaum daß er von hinnen,
Fängt das Korn schon an zu rinnen.

99

Und verwundert steht und spricht er:
»Zapperment! Dat Ding werd lichter!«

Hei! Da sieht er voller Freude
Max und Moritz im Getreide.

Rabs!! – in seinen großen Sack
Schaufelt er das Lumpenpack.

Max und Moritz wird es schwüle,
Denn nun geht es nach der Mühle.

»Meister Müller, he, heran!
Mahl er das, so schnell er kann!«

»Her damit!« Und in den Trichter
Schüttet er die Bösewichter.

Rickeracke! Rickeracke!
Geht die Mühle mit Geknacke.

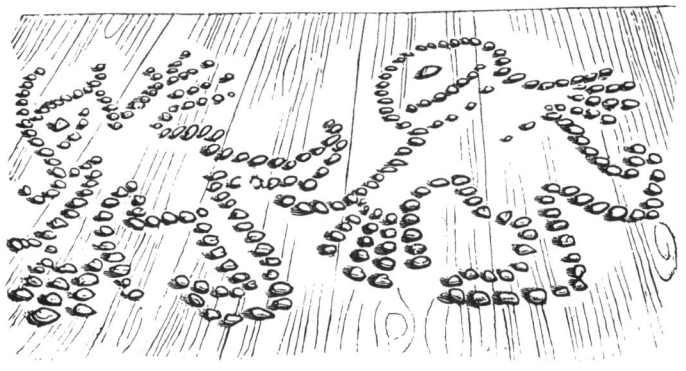

Hier kann man sie noch erblicken,
Fein geschroten und in Stücken.

103

Doch sogleich verzehret sie
Meister Müllers Federvieh.

SCHLUSS

Als man dies im Dorf erfuhr,
War von Trauer keine Spur.
Witwe Bolte, mild und weich,
Sprach: »Sieh da, ich dacht' es gleich!«
»Jajaja!« rief Meister Böck.
»Bosheit ist kein Lebenszweck!«
Drauf so sprach Herr Lehrer Lämpel:
»Dies ist wieder ein Exempel!«
»Freilich«, meint' der Zuckerbäcker,
»Warum ist der Mensch so lecker!«
Selbst der gute Onkel Fritze
Sprach: »Das kommt von dumme Witze!«
Doch der brave Bauersmann
Dachte: Wat geiht meck dat an!
Kurz, im ganzen Ort herum
Ging ein freudiges Gebrumm:
»Gott sei Dank! Nun ist's vorbei
Mit der Übeltäterei!«

Frühe Verse

Die kühne Müllerstochter

Es heult der Sturm, die Nacht ist graus,
Die Lampe schimmert im Müllerhaus.

Da schleichen drei Räuber wild und stumm –
Husch, husch, pist, pist! – ums Haus herum.

Die Müllertochter spinnt allein,
Drei Räuber schaun zum Fenster herein.

Der zweite will Blut, der dritte will Gold,
Der erste, der ist dem Mädel hold.

Und als der erste steigt herein,
Da hebt das Mädchen den Mühlenstein.

Und – patsch! – der Räuber lebt nicht mehr,
Der Mühlstein druckt ihn gar zu sehr.

Doch schon erscheint mordgierig-heiter
Und steigt durchs Loch der Räuber zweiter.

Ha! Hu! – Er ist, eh' er's gewollt,
Wie Rollenknaster aufgerollt.

Jetzt aber naht mit kühnem Schritte
Voll Goldbegierigkeit der dritte.

Schnapp! – ist der Hals ihm eingeklommen;
Er stirbt, weil ihm die Luft benommen.

So starben die drei ganz unverhofft.
O Jüngling! Da schau her!
So bringt ein einzig Mädchen oft
Drei Männer ins Malheur!!!

Hans Huckebein – der Unglücksrabe

Sosehr sein Ende mich bewegt,
Ich durft' es anders nicht vermelden.
Er stirbt – denn tragisch angelegt
War der Charakter dieses Helden.

Gar manches ist vorherbestimmt;
Das Schicksal führt ihn in Bedrängnis;
Doch wie er sich dabei benimmt,
Ist seine Schuld und nicht Verhängnis.

Drum bleibt's dabei! – Denn die Moral
Ist hier kein leeres Wortgeklingel.
Und lebte er auch noch einmal,
Er bliebe doch der alte Schlingel!

Hier sieht man Fritz, den muntern Knaben,
Nebst Huckebein, dem jungen Raben.

Und dieser Fritz, wie alle Knaben,
Will einen Raben gerne haben.

Schon rutscht er auf dem Ast daher,
Der Vogel, der mißtraut ihm sehr.

Schlapp! macht der Fritz von seiner Kappe
Mit Listen eine Vogelklappe.

Beinahe hätt' er ihn! Doch ach!
Der Ast zerbricht mit einem Krach.

In schwarzen Beeren sitzt der Fritze,
Der schwarze Vogel in der Mütze.

Der Knabe Fritz ist schwarz betupft;
Der Rabe ist in Angst und hupft.

Der schwarze Vogel ist gefangen,
Er bleibt im Unterfutter hangen.

»Jetzt hab' ich dich, Hans Huckebein!
Wie wird sich Tante Lotte freu'n!«

Die Tante kommt aus ihrer Tür;
»Ei!« – spricht sie – »Welch ein gutes Tier!«

Kaum ist das Wort dem Mund entflohn,
Schnapp! hat er ihren Finger schon.

»Ach!« – ruft sie – »Er ist doch nicht gut!
Weil er mir was zuleide tut!«

Hier lauert in des Topfes Höhle
Hans Huckebein, die schwarze Seele.

Den Knochen, den er Spitz gestohlen,
Will dieser jetzt sich wieder holen.

Sie ziehn mit Knurren und Gekrächz,
Der eine links, der andre rechts.

Schon denkt der Spitz, daß er gewinnt,
Da zwickt der Rabe ihn von hint.

O weh! Er springt auf Spitzens Nacken,
Um ihm die Haare auszuzwacken.

Der Spitz, der ärgert sich bereits
Und rupft den Raben seinerseits.

Derweil springt mit dem Schinkenbein
Der Kater in den Topf hinein.

Da sitzen sie und schau'n und schau'n. –
Dem Kater ist nicht sehr zu trau'n.

Der Kater hackt den Spitz, der schreit,
Der Rabe ist voll Freudigkeit.

Schnell faßt er, weil der Topf nicht ganz,
Mit schlauer List den Katerschwanz.

Es rollt der Topf. Es krümmt voll Quale
Des Katers Schweif sich zur Spirale.

Und Spitz und Kater fliehn im Lauf. –
Der größte Lump bleibt obenauf!! –

Nichts Schönres gab's für Tante Lotte
Als Schwarze-Heidelbeer-Kompotte.

Doch Huckebein verschleudert nur
Die schöne Gabe der Natur.

Die Tante naht voll Zorn und Schrecken;
Hans Huckebein verläßt das Becken.

Und schnell betritt er, angstbeflügelt,
Die Wäsche, welche frisch gebügelt.

O weh! Er kommt ins Tellerbord;
Die Teller rollen rasselnd fort.

Auch fällt der Korb, worin die Eier –
Ojemine! – und sind so teuer!

Patsch! fällt der Krug. Das gute Bier
Ergießt sich in die Stiefel hier.

Und auf der Tante linken Fuß
Stürzt sich des Eimers Wasserguß.

Sie hält die Gabel in der Hand,
Und auch der Fritz kommt angerannt.

Perdums! Da liegen sie. – Dem Fritze
Dringt durch das Ohr die Gabelspitze.

Dies wird des Raben Ende sein –
So denkt man wohl –, doch leider nein!

Denn – schnupp! – der Tante Nase faßt er;
Und nochmals triumphiert das Laster!

Jetzt aber naht sich das Malheur,
Denn dies Getränke ist Likör.

Es duftet süß. – Hans Huckebein
Taucht seinen Schnabel froh hinein.

Und läßt mit stillvergnügtem Sinnen
Den ersten Schluck hinunterrinnen.

Nicht übel! – Und er taucht schon wieder
Den Schnabel in die Tiefe nieder.

Er hebt das Glas und schlürft den Rest,
Weil er nicht gern was übrigläßt.

Ei, ei! Ihm wird so wunderlich,
So leicht und doch absunderlich.

Er krächzt mit freudigem Getön
Und muß auf einem Beine stehn.

Der Vogel, welcher sonsten fleugt,
Wird hier zu einem Tier, was kreucht.

Und Übermut kommt zum Beschluß,
Der alles ruinieren muß.

Er zerrt voll roher Lust und Tücke
Der Tante künstliches Gestricke.

Der Tisch ist glatt – der Böse taumelt –
Das Ende naht – sieh da! Er baumelt!

»Die Bosheit war sein Hauptpläsier,
Drum« – spricht die Tante – »hängt er hier!«

►••◄

Das Häschen

Das Häschen saß im Kohl
Und fraß und war ihm wohl.
Nicht weit auf einem Rasen
Geht ganz gemütlich grasen
Ein Lämmlein weiß und schön.

Da ist der böse Wolf gekommen
Und hat das Lämmlein mitgenommen;
Das Häslein hat's gesehn.

Das Häschen sprang und lief
Zum Bauer hin und rief:
»O weh, o weh!
He, Bauer, he!

Grad ist der böse Wolf gekommen
Und hat dein Lämmlein mitgenommen!«

Da nahm der Bauer Rüppel
Den dicken harten Knüppel,
Sprach: »Danke, lieber Hase!« –
Und schlug ihn auf die Nase.

Dann spricht er mit Gekicher:
»Mein Kohl ist sicher!«

Und wer noch fragt,
Was dies besagt,
Ist offenbar
So klug, als wie das Häschen war.

►•◄

Das brave Lenchen

Auf einem Schlosse fern im Holz
Wohnt eine Frau gar reich und stolz.

In einem Hüttchen arm und klein
Wohnt Lenchen und ihr Mütterlein.

Das Mütterlein ist schwach und krank
Und ohne Geld und Speis und Trank.

Da denkt das Lenchen: Ach, ich lauf'
Um Hilfe nach dem Schloß hinauf!

Es nimmt sich nichts wie einen Schnitt
Vom allerletzten Brote mit.

Und wie es kommt bis an den Steg,
Sitzt da ein armer Hund am Weg.

»Ach!« ruft der Hund. »Mein Herr ist tot;
Hätt' ich doch nur ein Stückchen Brot!«

»Hier«, spricht das Lenchen, »hast du was!«
Zieht's Brot hervor und gibt ihm das.

Und wie es weiter fort gerannt,
Liegt da ein Fisch auf trocknem Sand.

»Ach!« ruft der Fisch und zappelt sehr.
»Wenn ich doch nur im Wasser wär'!«

Gleich bückt das Lenchen sich danach
Und trägt ihn wieder in den Bach.

Dann ist es weiter fort gerannt,
Bis es die Frau im Schlosse fand. –

»Ach, liebe Frau, erbarmt Euch mein,
Ich hab' ein krankes Mütterlein!«

»Fort!« schreit die Frau. »Nichts gibt es hier!« –
Und jagt das Lenchen vor die Tür.

Das Lenchen sieht vor Tränen kaum
Und setzt sich stumm an einen Baum.

Und horch, im hohlen Baum erklingt
Ein feines Stimmlein, welches singt:
»Mach auf, mach auf, ich bitt' gar schön,
Möcht' gern die liebe Sonne sehn!«

Im Baum, da ist ein Löchlein rund,
Ist zugesteckt mit einem Spund.

Den zieht das Lenchen aus und spricht:
»So komm ans Licht, du armer Wicht!«

Sieh da, und eine Schlange schmiegt
Sich aus dem Baum hervor und kriecht
Und schlingt und schlängelt mit Gezisch
Sich in das dichte Waldgebüsch
Und raschelt da herum und kam
Und bracht' ein Blümlein wundersam.

O Krankentrost, du Blümlein rot,
Herztulipan, hilf aus der Not!

Das Lenchen nimmt das Blümlein an
Und eilt nach Haus, so schnell es kann.

Und wie es kommt bis übern Steg,
Tritt ihm ein Räuber in den Weg.

Dem armen Lenchen stockt das Blut,
Läßt 's Blümlein fallen in die Flut.

Da kommt der Hund und jagt zum Glück
Den Räuber in den Wald zurück.

Und unser Fisch ist auch nicht faul;
Er trägt die Blume in dem Maul.

Jetzt läuft das Lenchen schnell hinein
Zum lieben kranken Mütterlein,
Legt's Blümlein ihr auf Herz und Mund,
macht's Mütterlein sogleich gesund;

Heilt auch noch sonst viel kranke Leut
Und ist aus aller Not befreit.

Der Räuber aber hat bei Nacht
Die Frau im Schlosse totgemacht.

Der Sack und die Mäuse

Ein dicker Sack voll Weizen stand
Auf einem Speicher an der Wand. –
Da kam das schlaue Volk der Mäuse
Und pfiff ihn an in dieser Weise:

»Oh, du da in der Ecke,
Großmächtigster der Säcke!
Du bist ja der Gescheitste,
Der Dickste und der Breitste!
Respekt und Reverenz
Vor Eurer Exzellenz!«

Mit innigem Behagen hört
Der Sack, daß man ihn so verehrt.

Ein Mäuslein hat ihm unterdessen
Ganz unbemerkt ein Loch gefressen.

Es rinnt das Korn in leisem Lauf.
Die Mäuse knuspern's emsig auf.

Schon wird er faltig, krumm und matt.
Die Mäuse werden fett und glatt.

Zuletzt, man kennt ihn kaum noch mehr,
Ist er kaputt und hohl und leer.

Jetzt ziehn sie ihn von seinem Thron;
Ein jedes Mäuslein spricht ihm hohn;

Und jedes, wie es geht, so spricht's:
»Empfehle mich, Herr Habenichts!«

Die beiden Schwestern

Es waren mal zwei Schwestern,
Ich weiß es noch wie gestern.
Die eine namens Adelheid
War faul und voller Eitelkeit.
Die andre, die hieß Kätchen
Und war ein gutes Mädchen,
Sie quält sich ab von früh bis spät,
Wenn Adelheid spazierengeht.
Die Adelheid trank roten Wein,
Dem Kätchen schenkt sie Wasser ein.

Einst war dem Kätchen anbefohlen,
Im Walde dürres Holz zu holen.

Da saß an einem Wasser
Ein Frosch, ein grüner, nasser;
Der quakte ganz unsäglich
Gottsjämmerlich und kläglich:
»Erbarme dich, erbarme dich,
Ach, küsse und umarme mich!«

Das Kätchen denkt: Ich will's nur tun,
Sonst kann der arme Frosch nicht ruhn!

Der erste Kuß schmeckt recht abscheulich.
Der gräsiggrüne Frosch wird bläulich.

Der zweite schmeckt schon etwas besser;
Der Frosch wird bunt und immer größer.

Beim dritten gibt es ein Getöse,
Als ob man die Kanonen löse.

Ein hohes Schloß steigt aus dem Moor,
Ein schöner Prinz steht vor dem Tor.
Er spricht: »Lieb Kätchen, du allein
Sollst meine Herzprinzessin sein!«

Nun ist das Kätchen hochbeglückt,
Kriegt Kleider schön mit Gold gestickt
Und trinkt mit ihrem Prinzgemahl
Aus einem goldenen Pokal.

Indessen ist die Adelheid
In ihrem neusten Sonntagskleid
Herumspaziert an einem Weiher,
Da saß ein Knabe mit der Leier.
Die Leier klang, der Knabe sang:
»Ich liebe dich, bin treu gesinnt,
Komm, küsse mich, du hübsches Kind!«

Kaum küßt sie ihn,
So wird er grün,
So wird er struppig,
Eiskalt und schuppig.

Und ist – o Schreck! –
Der alte kalte Wasserneck.

»Ha!« lacht er. »Diese hätten wir!«
Und fährt bis auf den Grund mit ihr.

Da sitzt sie nun bei Wasserratzen,
Muß Wassernickels Glatze kratzen,
Trägt einen Rock von rauhen Binsen,
Kriegt jeden Mittag Wasserlinsen;
Und wenn sie etwa trinken muß,
Ist Wasser da im Überfluß.

Der weise Schuhu

Der Schuhu hörte stets mit Ruh,
Wenn zwei sich disputierten, zu. –
Mal stritten sich der Storch und Rabe,
Was Gott, der Herr, zuerst erschaffen habe,

Ob erst den Vogel oder erst das Ei.
»Den Vogel!« schrie der Storch.
»Das ist so klar wie Brei!«
Der Rabe krächzt: »Das Ei, wobei ich bleibe;
Wer's nicht begreift, hat kein Gehirn im Leibe!«

Da fingen an zu quaken
Zwei Frösch' in grünen Jacken.
Der eine quakt: »Der Storch hat recht!«
Der zweite quakt: »Der Rab' hat recht!«

»Was?« schrien die beiden Disputaxe.
»Was ist das da für ein Gequakse?« –
Der Streit erlosch. –
Ein jeder nimmt sich seinen Frosch,
Der schmeckt ihm gar nicht schlecht.

Ja, denkt der Schuhu, so bin ich!
Der Weise schweigt und räuspert sich.

▸◂

Das Glöcklein im Walde

Ein Kirchlein steht im Waldrevier,
Da klingt ein Glöcklein für und für,
Das Glöcklein läutet bim, bim!

Ein Knabe und ein Mägdelein,
Die wandeln da im Abendschein,
Im Frühlingswinde rauscht der Baum,
Die zwei, sie wandeln wie im Traum.
Das Glöcklein läutet bim, bim!

Der Knabe sprach: »O Mägdlein lieb!
Warum bist du so still und trüb?«
Das Glöcklein läutet bim, bim!

Die Maid, sie sprach: »Ich bin so stumm
Und weiß doch selber nicht warum.
Mein Herz, das klopft und will nicht ruhn,
Als sollt ich etwas Böses tun,

Und ist mir wieder doch so wohl,
So wonniglich, so ahnungsvoll!
Bald möcht ich dies, bald möcht ich das,
Ich möchte wohl und – weiß nicht was.«
Das Glöcklein läutet bem, bem!

Der Knabe zu derselben Stund,
Der küßt die Maid wohl auf den Mund;
Das Glöcklein läutet bem, bem!

Im Abendwinde rauscht der Baum,
Die zwei, sie wandeln wie im Traum,
Das Gras ist grün, der Wald ist dicht,
Ich *sah* die zwei – und *seh* sie nicht.
Das Glöcklein läutet bum, bum!

Das Glöcklein klingt bald dumpf, bald klar,
So lieb, so süß, so wunderbar,
Bim bim, bem bem, bum bum!

Stiftungslied

Reicht den Becher in die Runde!
Freudig preisen wir die Stunde,
Wo wir uns aus fernen Landen
Brüderlich zusammenfanden
Zu dem schönsten Jugendbunde.

Alter Neid, der uns verblieben,
Alter Haß, er sei vertrieben.
Wer da haßt, der lebt vergebens,
Denn die Summe unsres Lebens
Sind die Stunden, wo wir lieben.

Wo wir irren, wo wir fehlen,
Wollen wir uns nicht verhehlen,
Aber heimlich und im Rücken
Der Verleumdung Dolch zu zücken,
Bleibe den gemeinen Seelen.

Was wir denken, was wir streben,
Was wir lieben und erleben,
Sei vereint in diesen Stunden
Doppelt schön von uns empfunden,
Unsre Herzen zu erheben.

Dieser Geist, der uns durchdrungen,
Lebe frisch und unbezwungen
Immer fort in diesen Hallen,
Wenn wir längst in Staub zerfallen
Und dies Lied schon längst verklungen.

►◄

Lied eines versimpelten Junggesellen

Keine Frau befiehlt ihm was,
Hindert ihn durch dies und das,
Und er sorgt für sich allein –
Schön ist's, Junggeselle sein!

Mancherlei gibt's Zeitvertreib
Auf den Gassen, in der Kneip',
Auch gefäll'ge Mägdelein –
Schön ist's, Junggeselle sein!

Sitzt er abends lang beim Bier,
Schilt ihn nicht die Frau dafür,
Darum schenkt noch einmal ein –
Schön ist's, Junggeselle sein!

Geht er endlich selig fort,
Winket Ruh im Bette dort,
Ei, wie gut schläft's sich allein –
Schön ist's, Junggeselle sein!

Wenn er morgens schlafen will,
Störet ihn kein Kindsgebrüll,
Keine Frau red't ihm was drein –
Schön ist's, Junggeselle sein!

Zieht ein frisches Hemd er an,
Fehlt gar oft ein Knopf daran,
Fröhlich näht er ihn dann ein –
Schön ist's, Junggeselle sein!

Und noch manche andre Freud
Sich der Junggesell bereit't,
Auch geht er mitunter ein –
Schön ist's, Junggeselle sein!

Harmlos lebt er so dahin
Und versimpelt oft im Sinn;
Manchmal ist er auch ein Schwein –
Schön ist's, Junggeselle sein!

Heut stolziert er auf und ab,
Morgen scheißt der Hund aufs Grab,
Dies ist dann sein Leichenstein –
Schön ist's, Junggeselle sein!

►•◄

Trinklied

Nun laßt das Lied erschallen
Bei frohem Becherklang!
Wovon die Herzen wallen,
Das werde zum Gesang!

Der Tropfen viele Tausend
Die fallen in den Bach,
Die Bäche stürzen brausend
Ins Tal dem Strome nach.

Und stärker braust zum Meere
Durchs weite Land der Strom,
Drin spiegelt sich der hehre
Tiefblaue Himmelsdom.

Wovon die Herzen schlagen,
Verschweige nicht der Mund,
Wir singen und wir sagen
Von unserm Jugendbund.

Und die Gedanken weilen
Und bleiben nicht am Ort,
Sie drängen und sie eilen
Und fliegen weiter fort.

Es eilen die Gedanken,
Es weitet sich der Sinn
Fern über enge Schranken
Zum großen Ganzen hin.

Und aus dem engen Kreise,
Wo Freundschaft uns verband,
Ziehn wir die Sternengleise
Zum großen Vaterland.

►•◄

Liebeslust und Herzeleid
Wilhelms von Osterkappeln

Träumerisch-süßer Abendschatten,
Rührungsvoll begrüß ich dich,
Ruhe bringst du allen Matten,
Bringst du Ruhe auch für mich?

Alle Pinsel sind gewaschen,
Still befriedigt möcht ich nun,
Heimlich klimpernd in den Taschen,
Von des Tages Arbeit ruhn.

Fünfe schlug bereits die Glocke,
Und ich bürste Rock und Schopf,
Greife nun zu meinem Stocke
Mit dem schönen Hundekopf.

Zwar sind seine Augen trübe
(Wer es tat, ich weiß es wohl),
Doch nun ist er meiner Liebe
Still geheiligtes Symbol.

Ja, ich fühle süßes Sehnen,
Und es zieht mich Herz und Sinn
Zu Helenen, jener schönen
Kleinen Kaffeekellnerin.

Ach, Helene beugt sich nieder
Mit der Kanne minniglich!
Und ich fasse sie ums Mieder,
Und mir wird ganz wunderlich.

Halb verliebt und halb verlegen
Muß ich ihr ins Auge sehn,
Und es will sich etwas regen –
Doch nun muß sie weitergehn.

Am andern Tisch sah ich sie plaudern –
Nein, nein! Ich kann mich nicht bezwingen,
Ich rufe ihren süßen Namen
Und lasse mir die Zeitung bringen.

Sie kommt! Welch seliges Behagen,
Die weiße Wange zu betatscheln,
Den kleinen, himmlisch runden Hintern
Behaglich schmunzelnd ihr zu patscheln!

Sie geht! Doch nein! Ich möchte zahlen!
Und jetzt – mit süß-verruchten Händen
Kneif ich sie heimlich in die Waden,
Ach Gott! auch gar wohl in die Lenden.

Und alles das für einen Sechser!
Nur eines will mir nicht gefallen,
Ich wäre gern der Hahn im Korbe,
Und sie, sie treibt es so mit allen!

▶•◀

Chor der Nachtlichter

Nachtlichter sind wir allzumal,
Wenn es beginnt zu dunkeln;
Das Öl ist uns das braune Bier,
Bis früh zum Morgen trinken wir
Und leuchten hell und funkeln.

Ihr andern seid nur blauer Dunst,
Vom Abendwind vertrieben.
Wenn ihr schon schnarcht, daß Gott erbarm',
Dann singen wir so hell, so warm
Vom Trinken und vom Lieben.

Und zieht ein Fremdling durch die Nacht
So einsam und beklommen,
Auf einmal sieht er hellen Schein,
Zu unsrer Kneipe tritt er ein,
Wir heißen ihn willkommen.

Und endlich all vom Morgenland
Und Abendland die Weisen,
Sie sind nicht dumm, sie sehn von fern
Das helle Licht, den Wunderstern,
Sie rüsten sich und reisen.

Und treten all in unsern Kreis
Zum großen Nachtlichtorden;
Der leuchtet dann in Glanz und Zier
Aus rabenschwarzer Nacht herfür
Bis zu des Meeres Borden.

▶◀

Romanze von einem Maler
und einem Mägdelein

Es ging einmal spazieren
Ein Maler in den Wald,
Der wollt sich da skizzieren,
Ei ei, ja ja skizzieren
Die Bäumlein jung und alt.

An einer kühlen Quelle
Da war das Gras so grün,
Da setzt sich der Geselle,
Ei ei, ja ja Geselle
Mit eifrigem Bemühn.

Und als er das Studieren
Mit Fleiß beginnen wollt,
Tät flink daherspazieren
Ei ei, ja ja spazieren
Ein Mägdlein wunderhold.

Er grüßt das Mägdlein zierlich,
Wie sich's für Maler schickt,
Das Mägdlein ganz natürlich,
Ei ei, ja ja natürlich
Hinwieder grüßt und nickt.

Es kam zur kühlen Quelle
Das Mägdlein mit dem Krug,
Auf schaute der Geselle,
Ei ei, ja ja Geselle
Von seinem Skizzenbuch.

Komm her, du wunderschönes
Lieb Mägdlein mit dem Krug,
Ich zeig dir dies und jenes,
Ei ei, ja ja und jenes
In meinem Skizzenbuch.

Ach nein, das tu ich nimmer,
Du bist ja falsch gesinnt,
Die Mutter sagt es immer,
Ei ei, ja ja sagt immer,
Daß Maler Schelmen sind.

Und hat sie's auch erfahren,
So ist's schon lange her,
So war's vor vielen Jahren,
Ei ei, ja ja vor Jahren,
Das weiß sie nimmermehr.

Das Mägdlein mit dem Kruge
Setzt sich zu ihm ins Gras,
Der Maler in dem Buche,
Ei ei, ja ja im Buche,
Der zeigt ihr dies und das.

Er zeigt ihr dies und jenes,
Er sagt ihr noch viel mehr,
Erbauliches und Schönes,
Ei ei, ja ja und Schönes,
Das Mägdlein freut sich sehr.

Dort bei der kühlen Quellen
Da war der Wald so dicht,
Die Maid und den Gesellen,
Ei ei, ja ja Gesellen,
Die sah ich beide nicht.

Das Büchlein und das Krüglein
Die lagen da im Gras,
Das Krüglein bei dem Büchlein,
Ei ei, ja ja dem Büchlein,
O weh, wie dumm war das.

Die Mutter kam gekrochen,
Die hat es gleich gespürt,
Sie hat es gleich gerochen,
Ei ei, ja ja gerochen
Das Ding, das da passiert.

►◄

Rhadamant und Zamore

I.

O schönes Bild der Liebe!
Heil dir, Ägypterland!
Heil, Königin Zamore
Und König Rhadamant!

Sie löschten aus demselben
Pokale ihren Durst,
Sie aßen miteinander
Von einer Leberwurst.

Dem König ward so übel,
Der Königin noch mehr.
Sie mußten beide sterben
Und liebten sich so sehr.

In einer Pyramide
Da ruhn sie Hand in Hand,
Die Königin Zamore
Und König Rhadamant.

II.

Es steht die Pyramide
Dicht an des Niles Bord,
Da ruhn die Mumienleiber,
Die Seelen wandern fort.

Und auf dem Nilgewässer
Da schwimmt ein Gänserich,
In diesen fuhr die Seele,
Als Rhadamant verblich.

Zamore aber folgte
Den Spuren Rhadamants
Und fuhr zu gleicher Stunde
In eine wilde Gans.

Sie gickern und sie gackern
Und kosen miteinand;
Er gickert: Ach, Zamore!
Sie gackert: Rhadamant!!

III.

Es stieg aus ihren Ufern
Des Niles gelbe Flut,
Da faßt die treuen Gänse
Gewaltger Wandermut.

Die Brust erfüllt ein Sehnen
So wonnig und so weh,
Sie heben ihre Schwingen
Und fliegen über See.

Sie flogen hin nach Pommern
Und hatten guten Wind,
Nach Pommern, wo zu Hause
Die besten Gänse sind.

Da legte ihre Eier
Zamore in den Sand,
Heut brütet sie Zamore
Und morgen Rhadamant.

Das Glück der treuen Gatten
Zerstörte ein Barbar;
Ein pommerischer Junker
Der fing das Gänsepaar.

Er fing die treuen Gänse
Und mästet sie nach Brauch,
Und als er sie gemästet,
Hing er sie in den Rauch.

Da hängen sie nun beide
Getreu bis in den Tod:
Die vielgeprüften Seelen
Die fahren durch den Schlot.

Die Seele fährt von dannen,
Der Leib der wird versandt,
Als Pommerns Gänsebrüste
Bekannt in jedem Land.

▸•◂

Klagelied eines Junggesellen

Mir fehlt etwas, mir ist nicht recht,
Doch wüßt ich wohl, was ich wohl möcht,
Ich möchte was und weiß warum,
Das geht mir so im Kopf herum.

Heut sprangen mir von meiner Hos'
Schon wieder mal zwei Knöpfe los;
Da setzt ich mich und näht herum
Wohl eine Stund, bis ich ganz krumm,
Bin dann zu Probsten hingerennt,

Zu schlürfen, was man Kaffee nennt.
Da fühlt ich wieder mal so recht,
Daß mir was fehlt, was ich wohl möcht.

Ein Gast, ein traurig schmerzensvoller,
Saß ich zu Mittag dann beim Koller.
Die Serviette war beschmutzt,
Die Gabel war nicht abgeputzt,
Kurzum, ich fühlte da so recht,
Daß mir was fehlte, was ich möcht.

Und abends in der Dämmerfrist,
Wenn man so ganz alleinig ist,
Da möcht ich wohl so dann und wann
Etwas zu titscheln-tatscheln ha'n.
Jedoch – da fühle ich so recht,
Daß mir was fehlt, was ich wohl möcht.

Was soll der Mensch des Abends tun?
Ich denk, zum Kappler geh ich nun;
Da sitz ich so bei meinem Bier
Als wie ein rechtes Murmeltier
Und fühle wieder mal so recht,
Daß mir was fehlt, was ich wohl möcht.

Nun tönt die Glocke zwölf vom Turm,
Ich muß nach Haus, ich armes Wurm.
Es fällt der Schnee, der Wind geht kühl,
Daß ich's durch Hemd und Hosen fühl,
Und komm ich endlich dann nach Haus
Und zieh mich zähneklappernd aus
Und steig ins Bett – – so fühl ich recht,
Daß mir was fehlt, was ich wohl möcht.

▶•◀

Für einen Porträtmaler

(zu singen)

Die gnädige Frau, die alte,
Die hab ich konterfeit,
Sie hatte manche Falte,
Drob war sie nicht erfreut.

Die Falten und die Runzeln
Die malt ich nimmermehr,
Drob rät sie gnädig schmunzeln,
Das freut die Alte sehr.

Sie hatte viele Pocken –
Ich fand den Teint so klar,
Sie hatte falsche Locken –
Ich lobt ihr schönes Haar.

An ihrer roten Nase
Pries ich den feinen Ton,
Denn jede schöne Phrase
Die findet ihren Lohn.

Die Alte fand geraten
Ihr gnädig Konterfei,
Sie zahlt mir zehn Dukaten,
Weil's gar so ähnlich sei.

Der heilige Antonius von Padua

Vorwort

Ach, ja, ja! – so seufz' ich immer –;
Denn die Zeit wird schlimm und schlimmer.
Oder kann in unsern Tagen
Einer wagen, nein! zu sagen,
Der mit kindlichem Gemüt
Morgens in die Zeitung sieht?

Hier Romane, dort Gedichte,
Malzextrakt und Kursberichte,
Näh- und Mäh- und Waschmaschinen,
Klauenseuche und Trichinen – –
Dieses druckt man groß und breit –
Aber wo ist Frömmigkeit??? –
Hält denn nicht, o Sünd und Schand,
Weltlicher Arm die geistliche Hand,
Daß man also frech und frei
Greife den Beutel der Klerisei?!

Wehe! Selbst im guten Öster-
Reiche tadelt man die Klöster – –
Und so weiter und so weiter – – –
Doch das Ende ist nicht heiter!!!

Ja, es ist abscheulich, greulich!!
Aber siehe! wie erfreulich
Ist's dagegen, wenn wir lesen,
Wie man sonsten fromm gewesen;
Wie z. B. Sankt Anton,
Unsrer Kirche großer Sohn,
Litt und stritt und triumphierte –
Kurz! – ein christlich Leben führte –
Dieses laßt uns mit Bemühn
Heute in Erwägung ziehn.

Pater Filuzius

Eine allegorische Geschichte

Höchst erfreulich und belehrend
Ist es doch für jedermann,
Wenn er allerlei Geschichten
Lesen oder hören kann.

So zum Beispiel die Geschichte
Von dem Gottlieb Michael,
Der bis dato sich beholfen
So la la als Junggesell.

Zwo bejahrte fromme Tanten
Lenken seinen Hausbestand,
Und Petrine und Pauline
Werden diese zwo benannt.

Außerdem, muß ich bemerken,
Ist noch eine Base da,
Hübsch gestaltet, kluggelehrig,
Nämlich die Angelika.

Wo viel zarte Hände walten
Na, das ist so, wie es ist!
Kellerschlüssel, Bodenschlüssel
Führen leicht zu Zank und Zwist.

Ebenso in Kochgeschichten
Einigt man sich öfters schwer.
Gottlieb könnte lange warten,
Wenn Angelika nicht wär'.

Sie besorgt die Abendsuppe
Still und sorgsam und geschwind;
Gottlieb zwickt sie in die Backe:
»Danke sehr, mein gutes Kind!«

Grimmig schauen jetzt die Tanten
Dieses liebe Mädchen an:
»Ei, was muß man da bemerken?
Das tut ja wie Frau und Mann!«
Dennoch und trotz allediesem
Geht die Wirtschaft doch so so. –
Aber aber, aber aber

Jetzt kommt der Filuzio.
Nämlich dieser Jesuiter
Merkt schon längst mit Geldbegier
Auf den Gottlieb, sein Vermögen,
Denkend: »Ach, wo krieg' ich dir?«

Allererst pürscht er sich leise
Hinter die Angelika,
Die er, Apfelmus bereitend,
An dem Herde stehen sah.
Und er spricht mit Vaterstimme:
»Meine Tochter, Gott zum Gruß!«

Schlapp! Da hat er im Gesichte
Einen Schleef von Appelmus.
Dieses plötzliche Ereignis
Tut ihm in der Seele leid. –

Ach, man will auch hier schon wieder
Nicht so wie die Geistlichkeit!!

Doch die gute Tante Trine
Sehnt sich ja so lange schon
Nach dem Troste einer frommen
Klerikalen Mannsperson. –
Da ist eher was zu machen.

Luzi macht sich lieb und wert,
Weil er ihr als Angebinde
Schrupp, den kleinen Hund, beschert.

Schrupp ist wirklich auch possierlich.
Er gehorchet auf das Wort,
Holt herbei, was ihm befohlen,
Wenn es heißet: »Schrupp, apport!«

Heißt es: »Liebes Schrupperl, singe!«
Fängt er schön zu singen an;
Spielt man etwas auf der Flöte,
Hupft er, was er hupfen kann.

Wenn es heißet: »Wo ist's Ketzerl?«
Wird er wie ein Borstentier;
Und vor seinem Knurren eilet
Tante Line aus der Tür.

Spricht man aber diese Worte:
»Schrupp, was tun die schönen Herrn?«
Gleich küßt er die Tante Trine,
Und sie lacht und hat es gern.

Eines nur erzeugt Bedenken.
Schrupp entwickelt letzterzeit
Mit dem Hinterfuße eine
Merkliche Geschäftigkeit.

Mancher hat in diesen Dingen
Eine glückliche Natur.
Tante Trine, zum Exempel,
Fühlt von allem keine Spur:

Wohingegen Tante Line
Keine rechte Ruh genießt,

Wenn sie abends, wie gewöhnlich,
In der Hauspostille liest.

Und auch Gottlieb muß verspüren,
Ganz besonders in der Nacht,
Daß es hier und da und dorten
Immer kribbelkrabbel macht.

Prickeln ist zwar auch zuwider,
Doch zumeist die Jagderei;
Und mit Recht soll man bedenken,
Wie dies zu verhindern sei.

Mancher liebt das Exmittieren;
Und die Sache geht ja auch.
Aber sicher und am besten –
Knacks! – ist doch der alte Brauch.

Freilich ist hier gar kein Ende.
Man gelanget nicht zum Ziel.
Jeder ruft: »Wie ist es möglich?«
Bis man auf den Schrupp verfiel.

Zwar die Tante und Filuzi
Rufen beide tiefgekränkt:
»Engelrein ist sein Gefieder!«
Aber Schrupp wird eingezwängt.

In ein Faß voll Tabakslauge
Tunkt man ihn mit Haut und Haar,
Ob er gleich sich heftig sträubte
Und durchaus dagegen war.

Drauf so wird in einem Stalle
Er mit Vorsicht interniert,

Bis, was man zu tadeln findet,
So allmählich sich verliert.

Anderseits bemerkt man dieses
Unter großem Herzeleid.

Ach, man will auch hier schon wieder
Nicht so wie die Geistlichkeit!!

Jetzt wär' alles gut gewesen,
Wäre Schrupp kein Bösewicht!
Er gewöhnt sich an das Kauen,
Und das läßt und läßt er nicht.

Hat er Gottlieb seine Stiefel
Nicht zur Hälfte aufgezehrt?
Tante Linens Hauspostille,
Hat er die nicht auch zerstört?

Zwar die Tante und Filuzi
Blicken mitleidsvoll empor:
»Armes gutes Schruppuppupperl!
Immer haben sie was vor!!«

Ja, es ließe sich ertragen,
Täte Schrupp nur dieses bloß,
Würde Schrupp nicht augenscheinlich
Scham- und ruch- und rücksichtslos.

Und so muß er denn empfinden,
Daß zuletzt die böse Tat
Für den Übeltäter selber
Unbequeme Folgen hat.

Anderseits bemerkt man dieses
Nur mit tiefem Herzeleid.

Ach, man will auch hier schon wieder
Nicht so wie die Geistlichkeit!

Leichter schmiegt sich Seel an Seele
In der schmerzensreichen Stund,
Und man schwört in der Bergere
Sich den ew'gen Freundschaftsbund.

Aber wie sie da so sitzen,
Öffnet plötzlich sich die Tür.
Gottlieb ruft mit rauher Stimme:
»Ei, ei, ei! Was macht man hier?«

Freilich hüllen sich die beiden
Schnell in fromme Lieder ein;
Doch nur kurze Zeit erschallen
Diese schönen Melodein.

Ach, die weltlichen Gewalten! –
Durch des Armes Muskelkraft
Wird der fromme Pater Luzi
Wirbelartig fortgeschafft.

Dieses plötzliche Ereignis
Tut ihm in der Seele leid.

Ach, man will auch hier schon wieder
Nicht so wie die Geistlichkeit!!

Schlimm ist's Schrupp dabei ergangen,
Weil er sich hineingemengt;
Mit dem Fuße unvermutet
Fühlt er sich zurückgedrängt.

Pater Luzi aber schleichet
Heimlich lauschend um das Haus,

Ein pechschwarzes Ei der Rache
Brütet seine Seele aus.

Gottlieb seine Abendsuppe
Stehet am gewohnten Ort.
Husch! Da steigt wer durch das Fenster;
Husch! Jetzt ist er wieder fort.

Gottlieb, der im Nebenzimmer
Eben seine Hände wusch,
Sieht's zum Glück und daß der Täter
Lauschend sitzt im Fliederbusch.

Jetzt hebt Gottlieb, friedlich lächelnd,
Von dem Tisch den Suppentopf.
Bratsch! – Die Brühe samt der Schale
Kommt Filuzi auf den Kopf.

Diese eklige Geschichte
Tut ihm in der Seele leid.

Ach, man will auch hier schon wieder
Nicht so wie die Geistlichkeit!

Schrupp, der nur ein wenig leckte,
Zieht es alle Glieder krumm,
Denn ein namenloser Jammer
Wühlt in seinem Leib herum.

Pater Luzi, finster blickend,
Heimlich schleichend um das Haus,
Wählt zu neuem Rachezwecke
Zwo verwegne Lumpen aus. –

Einer heißt der Inter-Nazi
Und der zweite Jean Lecaq,

Alle beide wohl zu brauchen,
Denn es mangelt Geld im Sack.

Eben wandelt in der stillen
Abendkühle der Natur
Base Gelika im Garten –
Horch! Da tönt der Racheschwur!

Tieferschrocken, angstbeflügelt,
Eilet sie ins Haus geschwind.
Gottlieb küßt sie auf die Backe:
»Danke sehr, mein gutes Kind!«

Schleunig sucht er seine Freunde,
Glücklich trifft er sie zu Haus.
Wächter Hiebel ist der erste,
Freudig ruft er: »Sabel raus!«

Meister Fibel, als der zweite,
Vielerprobt im Amt der Lehr,
Greift in die bekannte Ecke
Mit den Worten: »Knüppel her!«

Bullerstiebel ist der dritte. –
Kaum vernimmt er so und so,
Faßt er auch schon nach der Gabel
Mit dem Rufe: »Nu man to!«

Nun hat Schrupp, dieweil er leidend,
Sich in Gottliebs Bett gelegt,
Wie er, wenn man nicht zugegen,
Auch wohl sonst zu tuen pflegt.

Zwölfe dröhnt es auf dem Turme. –
Leise macht man: Pistpistpist!

Drei Gestalten huschen näher
An das Bett voll Hinterlist.

Weh, jetzt trifft der Dolch, der spitze,
Und der Knüppel, dick und rauh,
Und die Taschenmitraljöse –
Aber Schrupp macht: »Auwauwau!«

In demselbigen Momente
Donnert es von hinten: »Drauf!!«
Und ein blasser Todesschrecken
Hindert jeden Weiterlauf.

Pater Luzi ganz besonders
Macht sich ahnungsvoll bereit.

Ach, man will auch hier schon wieder
Nicht so wie die Geistlichkeit!

Hei! Wie Fibels Waffe sauset!
Heißa! Wie der Sabel blitzt! –
Zwiefach ist der Stich der Gabel,
Weil sie zwiefach zugespitzt. –

Motten fliegen, Haare sausen!
Das gibt Leben in das Haus.
Hulterpulter! Durch das Fenster
Springt man in die Nacht hinaus.

Klacks! Da stecken sie im Drecke.
Ängstlich zappelt noch der Fuß. –
Eine Stimme hört man klagen:
»O Filu – Filuzius!!«

»Kinder, das hat gut gegangen!«
Rufet Gottlieb hocherfreut;

»Wein herbei! Denn zu vermelden
Hab' ich eine Neuigkeit.

Länger will ich nicht mehr hausen
Wie seither als Junggesell.
Hier Angelika, die gute,
Werde Madam Michael.«

Drauf ergreift das Wort Herr Fibel,
Und er spricht: »Ei ei! Sieh da!
Ich erlaube mir zu singen:
Vivat Hoch! Halleluja!!!« –

Die fromme Helene

LENCHEN KOMMT AUFS LAND

Wie der Wind in Trauerweiden
Tönt des frommen Sängers Lied,
Wenn er auf die Lasterfreuden
In den großen Städten sieht.

Ach, die sittenlose Presse!
Tut sie nicht in früher Stund
All die sündlichen Exzesse
Schon den Bürgersleuten kund?!

Offenbach ist im Thalia,
Hier sind Bälle, da Konzerts.
Annchen, Hannchen und Maria
Hüpft vor Freuden schon das Herz.

Kaum trank man die letzte Tasse,
Putzt man schon den irdschen Leib.
Auf dem Walle, auf der Gasse
Wimmelt man zum Zeitvertreib.

Wie sie schauen, wie sie grüßen!
Hier die zierlichen Mosjös,
Dort die Damen mit den süßen
Himmlisch hohen Prachtpopös.

Und der Jud mit krummer Ferse,
Krummer Nas' und krummer Hos'
Schlängelt sich zur hohen Börse
Tiefverderbt und seelenlos.

Schweigen will ich von Lokalen,
Wo der Böse nächtlich praßt,
Wo im Kreis der Liberalen
Man den Heilgen Vater haßt.

Schweigen will ich von Konzerten,
Wo der Kenner hochentzückt
Mit dem seelenvoll-verklärten
Opernglase um sich blickt,

Wo mit weichen Wogebusen
Man sich warm zusammensetzt,
Wo der hehre Chor der Musen,
Wo der Weise selber schwätzt.

Schweigen will ich vom Theater,
Wie von da, des Abends spät,
Schöne Mutter, alter Vater
Arm in Arm nach Hause geht.

Zwar man zeuget viele Kinder,
Doch man denket nichts dabei.
Und die Kinder werden Sünder,
Wenn's den Eltern einerlei.

»Komm, Helenchen!« sprach der brave
Vormund. – »Komm, mein liebes Kind!
Komm aufs Land, wo sanfte Schafe
Und die frommen Lämmer sind.

Da ist Onkel, da ist Tante,
Da ist Tugend und Verstand,
Da sind deine Anverwandte!«

So kam Lenchen auf das Land.

DES ONKELS NACHTHEMD

»Helene!« – sprach der Onkel Nolte –
»Was ich schon immer sagen wollte!
Ich warne dich als Mensch und Christ:

Oh, hüte dich vor allem Bösen!
Es macht Pläsier, wenn man es ist,
Es macht Verdruß, wenn man's gewesen!«

»Ja leider!« – sprach die milde Tante –
»So ging es vielen, die ich kannte!
Drum soll ein Kind die weisen Lehren
Der alten Leute hochverehren!
Die haben alles hinter sich
Und sind, gottlob! recht tugendlich!

Nun gute Nacht! Es ist schon späte!
Und, gutes Lenchen, bete, bete!«

Helene geht. – Und mit Vergnügen
Sieht sie des Onkels Nachthemd liegen.

Die Nadel her, so schnell es geht!
Und Hals und Ärmel zugenäht!

Darauf begibt sie sich zur Ruh
Und deckt sich warm und fröhlich zu.

Bald kommt der Onkel auch herein
Und scheint bereits recht müd zu sein.

Erst nimmt er seine Schlummerprise,
Denn er ist sehr gewöhnt an diese.

Und nun vertauscht er mit Bedacht
Das Hemd des Tags mit dem der Nacht.

Doch geht's nicht so, wie er wohl möcht',
Denn die Geschichte will nicht recht.

»Potz tausend, das ist wunderlich!«
Der Onkel Nolte ärgert sich.

Er ärgert sich, doch hilft es nicht.
Ja, siehste wohl! Da liegt das Licht!

Stets größer wird der Ärger nur,
Es fällt die Dose und die Uhr.

Rack! – stößt er an den Tisch der Nacht,
Was einen großen Lärm gemacht.

Hier kommt die Tante mit dem Licht. –
Der Onkel hat schon Luft gekriegt.

»O sündenvolle Kreatur!
Dich mein' ich dort! – Ja, schnarche nur!«

Helene denkt: Dies will ich nun
Auch ganz gewiß nicht wieder tun.

VETTER FRANZ

Helenchen wächst und wird gescheit
Und trägt bereits ein langes Kleid. –

»Na, Lene! Hast du's schon vernommen?
Der Vetter Franz ist angekommen.«
So sprach die Tante früh um achte,
Indem sie grade Kaffee machte.
»Und, hörst du, sei fein hübsch
   manierlich
Und zeige dich nicht ungebührlich,

Und sitz bei Tische nicht so krumm,
Und gaffe nicht so viel herum.
Und ganz besonders muß ich bitten:
Das Grüne, was so ausgeschnitten –
Du ziehst mir nicht das Grüne an,
Weil ich's nun mal nicht leiden kann.«

Ei! – denkt Helene – Schläft er noch?
Und schaut auch schon durchs Schlüsselloch.

Der Franz, ermüdet von der Reise,
Liegt tief versteckt im Bettgehäuse.

»Ah, ja ja jam!« – so gähnt er eben –
»Es wird wohl Zeit, sich zu erheben

Und sich allmählich zu bequemen,
Die Morgenwäsche vorzunehmen.«

Zum ersten: ist es mal
so schicklich,

Zum zweiten: ist es
sehr erquicklich,

Zum dritten: ist man
sehr bestaubt

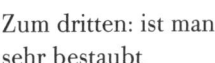

Und viertens: soll man's
überhaupt.

Denn fünftens: ziert es
das Gesicht.

Und schließlich: schaden
tut's mal nicht!

Wie fröhlich ist der Wandersmann,
Zieht er das reine Hemd sich an.

Und neugestärkt und friedlich-heiter
Bekleidet er sich emsig weiter.

Und erntet endlich stillerfreut

Die Früchte seiner Reinlichkeit.

Jetzt steckt der Franz die Pfeife an,
Helene eilt, so schnell sie kann.

Plemm! – stößt sie an die alte Brause,
Die oben steht im Treppenhause.

Sie kommt auf Hannchen hergerollt,
Die Franzens Stiefel holen wollt.

Die Lene rutscht, es rutscht die Hanne;
Die Tante trägt die Kaffeekanne.

Da geht es klirr! und klipp! und klapp!
Und auch der Onkel kriegt was ab.

DER FROSCH

Der Franz, ein Schüler hochgelehrt,
Macht sich gar bald beliebt und wert.
So hat er einstens in der Nacht
Beifolgendes Gedicht gemacht:

Als ich so von ungefähr
Durch den Wald spazierte,
Kam ein bunter Vogel, der
Pfiff und quinquilierte.

Was der bunte Vogel pfiff,
Fühle und begreif' ich:
Liebe ist der Inbegriff,
Auf das andre pfeif' ich.

Er schenkt's Helenen, die darob
Gar hocherfreut und voller Lob.

Und Franz war wirklich angenehm,
Teils dieserhalb, teils außerdem.
Wenn in der Küche oder Kammer
Ein Nagel fehlt – Franz holt den Hammer!

Wenn man den Kellerraum betritt,
Wo's öd und dunkel – Franz geht mit!
Wenn man nach dem Gemüse sah
In Feld und Garten – Franz ist da! –

Oft ist z. B. an den Stangen
Die Bohne schwierig zu erlangen.
Franz aber faßt die Leiter an,
Daß Lenchen ja nicht fallen kann.

Und ist sie dann da oben fertig –
Franz ist zur Hilfe gegenwärtig.

Kurzum! Es sei nun, was es sei –
Der Vetter Franz ist gern dabei.

Indessen ganz insonderheit
Ist er voll Scherz und Lustbarkeit.

Schau, schau! Da schlupft und hupft im Grün
Ein Frosch herum. – Gleich hat er ihn!

Und setzt ihn heimlich
nackt und bloß
In Nolten seine
Tabaksdos'.

Wie nun der sanfte Onkel Nolte
Sich eine Prise schöpfen wollte –

Hucks da! Mit einem Satze saß
Der Frosch an Nolten seiner Nas.

Platsch! springt er in die Tasse gar,
Worin noch schöner Kaffee war.

Schlupp! sitzt er in der Butterbemme,
Ein kleines Weilchen in der Klemme.

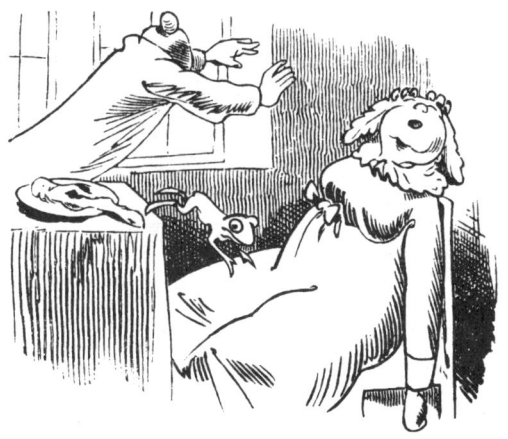

Putsch! – Ach, der Todesschreck ist groß!
Er hupft in Tante ihren Schoß.

Der Onkel ruft und zieht die Schelle:
»He, Hannchen, Hannchen, komme schnelle!«

Und Hannchen ohne Furcht und Bangen
Entfernt das Scheusal mit der Zangen.

Nun kehrt die Tante auch zum Glück
Ins selbstbewußte Sein zurück.

Wie hat Helene da gelacht,
Als Vetter Franz den Scherz gemacht!
Eins aber war von ihm nicht schön:
Man sah ihn oft bei Hannchen stehn!

Doch jeder Jüngling hat wohl mal
'n Hang fürs Küchenpersonal,
Und sündhaft ist der Mensch im ganzen!
Wie betet Lenchen da für Franzen!

Nur einer war, der heimlich grollte:
Das ist der ahnungsvolle Nolte.
Natürlich tut er dieses bloß
In Anbetracht der Tabaksdos'.
Er war auch wirklich voller Freud,
Als nun vorbei die Ferienzeit
Und Franz mit Schrecken wiederum
Zurück muß aufs Gymnasium.

DER LIEBESBRIEF

Und wenn er sich auch
ärgern sollte,
Was schert mich dieser
Onkel Nolte!

So denkt Helene leider Gotts!
Und schreibt dem Onkel grad zum Trotz:

»Geliebter Franz!
Du weißt es ja, Dein bin ich ganz!

Wie reizend schön war doch die Zeit,
Wie himmlisch war das Herz erfreut,

Als in den Schnabelbohnen drin
Der jemand eine Jemandin,

Ich darf wohl sagen: herzlich küßte. –
Ach Gott, wenn das die Tante wüßte!

Und ach! Wie ist es hierzuland
Doch jetzt so schrecklich anigant!

Der Onkel ist, gottlob! recht dumm,
Die Tante nöckert so herum,
Und beide sind so furchtbar fromm;
Wenn's irgend möglich, Franz, so komm
Und trockne meiner Sehnsucht Träne!
10000 Küsse von   Helene.«

Jetzt Siegellack! –
Doch weh! Alsbald

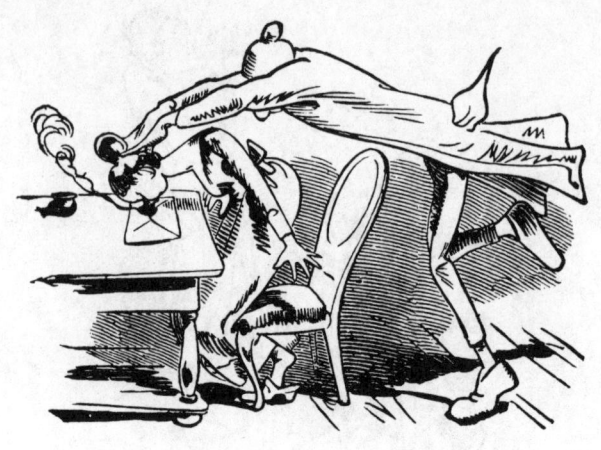

Ruft Onkel Nolte donnernd: »Halt!«

Und an Helenens Nase stracks
Klebt das erhitzte Siegelwachs.

In der Kammer, still und donkel,
Schläft die Tante bei dem Onkel.

Mit der Angelschnur versehen,
Naht sich Lenchen auf den Zehen.

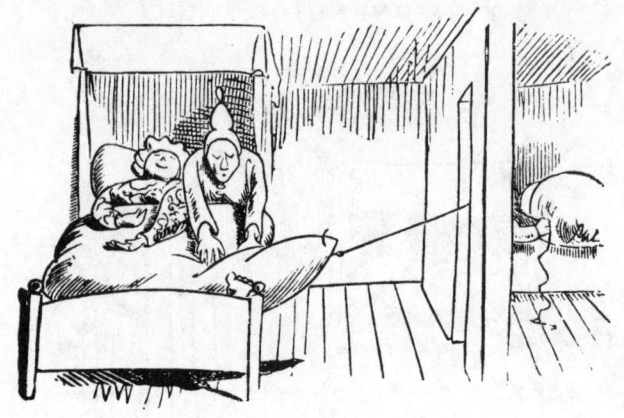

Zupp – Schon lüftet sich die Decke
Zu des Onkels großem Schrecke.

Zupp! – Jetzt spürt die Tante auch
An dem Fuß den kalten Hauch.

»Nolte!« ruft sie. »Lasse das,
Denn das ist ein dummer Spaß!«

Und mit Murren und Gebrumm
Kehrt man beiderseits sich um.

Schnupp! – Da liegt man gänzlich bloß,
Und die Zornigkeit wird groß;

Und der Schlüsselbund erklirrt,
Bis der Onkel flüchtig wird.

Autsch! Wie tut der Fuß so weh!
An der Angel sitzt der Zeh.

Lene hört nicht auf zu zupfen,
Onkel Nolte, der muß hupfen.

Lene hält die Türe zu.
O du böse Lene du!

Stille wird es nach und nach,
Friede herrscht im Schlafgemach.

Am Morgen aber ward es klar,
Was nachts im Rat beschlossen war.
Kalt, ernst und dumpf sprach Onkel Nolte:
»Helene, was ich sagen wollte: –«

»Ach!« – rief sie – »Ach! Ich will es nun
Auch ganz gewiß nicht wieder tun!«

»Es ist zu spät! – Drum stante pe'
Pack deine Sachen! – So! – Ade!«

INTERIMISTISCHE ZERSTREUUNG

Ratsam ist und bleibt es immer
Für ein junges Frauenzimmer,
Einen Mann sich zu erwählen
Und womöglich zu vermählen.
Erstens: will es so der Brauch.
Zweitens: will man's selber auch.
Drittens: Man bedarf der Leitung
Und der männlichen Begleitung;
Weil bekanntlich manche Sachen,
Welche große Freude machen,
Mädchen nicht allein verstehn;
Als da ist: Ins Wirtshaus gehn. –

Freilich oft, wenn man auch möchte,
Findet sich nicht gleich der Rechte;
Und derweil man so allein,
Sucht man sonst sich zu zerstreu'n.
Lene hat zu diesem Zwecke
Zwei Kanari in der Hecke,

Welche Niep und Piep genannt.
Zierlich fraßen aus der Hand
Diese goldignetten Mätzchen;

194

Aber Mienzi hieß das Kätzchen.

Einstens kam auch auf Besuch
Kater Munzel, frech und klug.

Alsobald so ist man einig. –
Festentschlossen, still und schleunig

Ziehen sie voll Mörderdrang
Niep und Piep die Hälse lang.

Drauf so schreiten sie ganz heiter
Zu dem Kaffeetische weiter. –
Mienzi mit den sanften Tätzchen
Nimmt die guten Zuckerplätzchen.

Aber Munzels dicker Kopf
Quält sich in den Sahnetopf.

Grad kommt Lene, welche drüben
Eben einen Brief geschrieben,
Mit dem Licht und Siegellack
Und bemerkt das Lumpenpack.

Mienzi kann noch schnell enteilen,
Aber Munzel muß verweilen;

Denn es sitzt an Munzels Kopf
Festgeschmiegt der Sahnetopf.

Blindlings stürzt er sich zur Erd.
Klacks! – Der Topf ist nichts mehr wert.

Aufs Büfett geht es jetzunder;
Flaschen, Gläser – alles 'runter!

Sehr in Ängsten sieht man ihn
Aufwärts sausen am Kamin.

Ach! – Die Venus ist perdü –
Klickradoms! – von Medici!

Weh! Mit einem Satze ist er
Vom Kamine an dem Lüster;

Und da geht es Klingelingelings!
Unten liegt das teure Dings.

Schnell sucht Munzel zu entrinnen,
Doch er kann nicht mehr von hinnen. –

Wehe, Munzel! –
Lene kriegt
Tute, Siegellack
und Licht.

Allererst tut man die Tute
An des Schweifs
beharte Rute;

Dann das Lack,
nachdem's erhitzt,
Auf die Tute, bis sie sitzt.

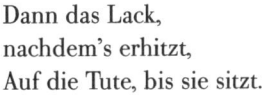

Drauf hält man das Licht daran,
Daß die Tute brennen kann.

Jetzt läßt man den Munzel los –
Mau! – Wie ist die Hitze groß!

DER HEIRATSENTSCHLUSS

Wenn's einer davon haben kann,
So bleibt er gerne dann und wann
Des Morgens, wenn das Wetter kühle,
Noch etwas liegen auf dem Pfühle
Und denkt sich so in seinem Sinn:
Na, dämmre noch 'n bissel hin!
Und denkt so hin und denkt so her,
Wie dies wohl wär', wenn das nicht wär'. –
Und schließlich wird es ihm zu dumm. –
Er wendet sich nach vorne um,
Kreucht von der warmen Lagerstätte
Und geht an seine Toilette.
Die Propretät ist sehr zu schätzen,
Doch kann sie manches nicht ersetzen.

Der Mensch
wird schließlich mangelhaft.

Die Locke wird hinweggerafft. –

203

Mehr ist hier schon die Kunst zu loben,

Denn Schönheit wird durch Kunst gehoben. –
Allein auch dieses, auf die Dauer,
Fällt doch dem Menschen schließlich sauer. –

»Es sei!« – sprach Lene heute früh –
»Ich nehme Schmöck und Companie!«

G. I. C. Schmöck, schon längst bereit,
Ist dieserhalb gar hoch erfreut.
Und als der Frühling kam ins Land,
Ward Lene Madam Schmöck genannt.

DIE HOCHZEITSREISE

's war Heidelberg, das sich erwählten
Als Freudenort die Neuvermählten. –

Wie lieblich wandelt man zu zwein
Das Schloß hinauf im Sonnenschein.

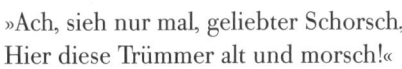

»Ach, sieh nur mal, geliebter Schorsch,
Hier diese Trümmer alt und morsch!«

»Ja!« – sprach er –
»Aber diese Hitze!
Und fühle nur mal,
wie ich schwitze!«

Ruinen machen
vielen Spaß. –
Auch sieht man gern
das große Faß.

Und – alle Ehrfurcht! –
muß ich sagen,

Alsbald, so sitzt man froh im Wagen
Und sieht das Panorama schnelle
Vorüberziehn bis zum Hotelle;

Denn Spargel, Schinken, Kotteletts
Sind doch mitunter auch was Netts.

»Pist! Kellner! Stell'n Sie eine kalt!
Und, Kellner, aber möglichst bald!«

Der Kellner hört des Fremden Wort.
Es saust der Frack. Schon eilt er fort.

Wie lieb und luftig perlt die Blase
Der Witwe Klicko in dem Glase. –

Gelobt seist du viel tausend Mal!
Helene blättert im Journal.

»Pist! Kellner! Noch einmal so eine!« –
– Helene ihre Uhr ist neune. –

Der Kellner hört des Fremden Wort.
Es saust der Frack. Schon eilt er fort.

Wie lieb und luftig
perlt die Blase
Der Witwe Klicko
in dem Glase.

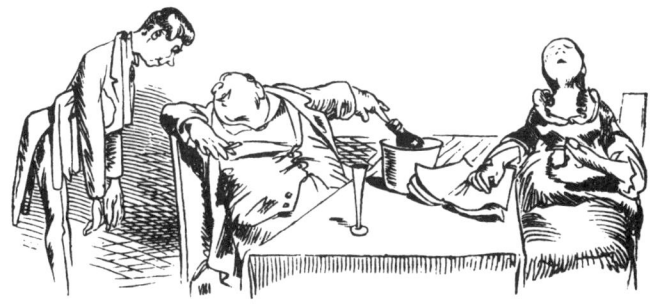

»Pist! Kellner! Noch so was von den!« –
– Helenen ihre Uhr ist zehn. –

Schon eilt der Kellner emsig fort. –
Helene spricht ein ernstes Wort. –

Der Kellner leuchtet auf der Stiegen.
Der fremde Herr ist voll Vergnügen.

Pitsch! – Siehe da!
Er löscht das Licht.

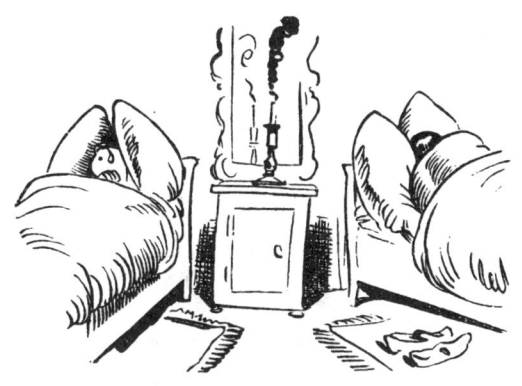

Plumps! liegt er da
und rührt sich nicht.

LÖBLICHE TÄTIGKEIT

Viele Madams, die ohne Sorgen,
In Sicherheit und wohlgeborgen,
Die denken: Pa! Es hat noch Zeit! –
Und bleiben ohne Frömmigkeit. –

Wie lobenswert ist da Helene!
Helene denkt nicht so wie jene. –
Nein, nein! Sie wandelt oft und gerne
Zur Kirche hin, obschon sie ferne.

Und Jean, mit demutsvollem Blick,
Drei Schritte hinterwärts zurück,
Das Buch der Lieder in der Hand,
Folgt seiner Herrin unverwandt.

Doch ist Helene nicht allein
Nur auf sich selbst bedacht. – O nein! –
Ein guter Mensch gibt gerne acht,
Ob auch der andre was Böses macht;
Und strebt durch häufige Belehrung
Nach seiner Beßrung und Bekehrung.

»Schang!« sprach sie einstens – »Deine Taschen
Sind oh so dick! Schang! Tust du naschen?

Ja, siehst du wohl! Ich dacht' es gleich!
O Schang! Denk an das Himmelreich!«

Dies Wort drang ihm in die Natur,
So daß er schleunigst Beßrung schwur.
Doch nicht durch Worte nur allein
Soll man dem andern nützlich sein. –

Helene strickt die guten Jacken,
Die so erquicklich für den Nacken;
Denn draußen wehen rauhe Winde. –
Sie fertigt auch die warme Binde;
Denn diese ist für kalte Mägen
Zur Winterszeit ein wahrer Segen.
Sie pflegt mit herzlichem Pläsier
Sogar den fränk'schen Offizier,
Der noch mit mehren dieses Jahr
Im deutschen Reiche seßhaft war. –

Besonders aber tat ihr leid
Der armen Leute Bedürftigkeit. –
Und da der Arzt mit Ernst geraten,
Den Leib in warmem Wein zu baden,

So tut sie's auch.

Oh, wie erfreut
Ist nun die Schar
der armen Leut;
Die, sich recht innerlich zu laben,
Doch auch mal etwas Warmes haben.

GEISTLICHER RAT

Viel Freude macht, wie männiglich bekannt,
Für Mann und Weib der heilige Ehestand!
Und lieblich ist es für den Frommen,
Der die Genehmigung dazu bekommen,
Wenn er sodann nach der üblichen Frist
Glücklicher Vater und Mutter ist. –
– Doch manchmal ärgert man sich bloß,
Denn die Ehe bleibt kinderlos. –

– Dieses erfuhr nach einiger Zeit
Helene mit großer Traurigkeit. –
Nun wohnte allda ein frommer Mann,
Bei Sankt Peter dicht nebenan,
Von Frau'n und Jungfrau'n weit und breit
Hochgepriesen ob seiner Gelehrsamkeit. –
(Jetzt war er freilich schon etwas kränklich.)

»O meine Tochter!« sprach er bedenklich –
»Dieses ist ein schwierig Kapitel;
Da helfen allein die geistlichen Mittel!
Drum, meine Beste, ist dies mein Rat:
Schreite hinauf den steilen Pfad
Und folge der seligen Pilger-Spur
Gen Chosemont de bon secours,

Denn dorten, berühmt seit alter Zeit,
Stehet die Wiege der Fruchtbarkeit.
Und wer allda sich hinverfügt,
Und wer allda die Wiege gewiegt,
Der spürete bald nach selbiger Fahrt,
Daß die Geschichte anders ward.

Solches hat noch vor etlichen Jahren
Leider Gotts! eine fromme Jungfer erfahren,

Welche, indem sie bis dato in diesen
Dingen nicht sattsam unterwiesen,
Aus Unbedacht und kindlichem Vergnügen
Die Wiege hat angefangen zu wiegen. –
Und ob sie schon nur ein wenig gewiegt,
Hat sie dennoch ein ganz kleines Kind gekriegt. –

Auch kam da ein frecher Pilgersmann,
Der rühret aus Vorwitz die Wiegen an.
Darauf nach etwa etlichen Wochen,
Nachdem er dieses verübt und verbrochen,
Und – Doch, meine Liebe, genug für heute!
Ich höre, daß es zur Metten läute.
Addio! Und Trost sei dir beschieden!
Zeuge hin in Frieden!«

DIE WALLFAHRT

Hoch von gnadenreicher Stelle
Winkt die Schenke und Kapelle.

Aus dem Tale zu der Höhe,
In dem seligen Gedränge
Andachtsvoller Christenmenge
Fühlt man froh des andern Nähe;
Denn hervor aus Herz und Munde,
Aus der Seele tiefstem Grunde
Haucht sich warm und innig an
Pilgerin und Pilgersmann. –

Hier vor allen, schuhbestaubt,
Warm ums Herze, warm ums Haupt,
Oft erprobt in ernster Kraft,
Schreitet die Erzgebruderschaft. –

Itzo kommt die Jungferngilde,
Auf den Lippen Harmonie,
In dem Busen Engelsmilde,
In der Hand das Paraplü. –
Oh, wie lieblich tönt der Chor!
Bruder Jochen betet vor. –

Aber dort im Sonnenscheine
Geht Helene traurig-heiter,

Sozusagen, ganz alleine,

Denn ihr einziger Begleiter,
Stillverklärt im Sonnenglanz,
Ist der gute Vetter Franz,
Den seit kurzem die Bekannten
Nur den »heil'gen« Franz benannten. –
Traulich wallen sie zu zweit
Als zwei fromme Pilgersleut.

Gott sei Dank, jetzt ist man oben!
Und mit Preisen und mit Loben
Und mit Eifer und Bedacht
Wird das Nötige vollbracht.

Freudig eilt man nun zur Schenke,
Freudig greift man zum Getränke,
Welches schon seit langer Zeit
In des Klosters Einsamkeit,
Ernstbesonnen, stillvertraut,
Bruder Jakob öfters braut.

Hierbei schaun sich innig an
Pilgerin und Pilgersmann.

Endlich nach des Tages Schwüle
Naht die sanfte Abendkühle.

In dem goldnen Mondenscheine
Geht Helene froh und heiter,
Sozusagen, ganz alleine,
Denn ihr einziger Begleiter,

Stillverklärt im Mondesglanz,
Ist der heil'ge Vetter Franz.
Traulich ziehn sie heim zu zweit
Als zwei gute Pilgersleut. –

Doch die Erzgebruderschaft
Nebst den Jungfern tugendhaft,
Die sich etwas sehr verspätet,
Kommen jetzt erst angebetet.
O wie lieblich tönt der Chor!
Bruder Jochen betet vor.

Schau, da kommt von ungefähr
Eine Droschke noch daher. –

Er, der diese Droschke fuhr,
Frech und ruchlos von Natur,
Heimlich denkend: Papperlapp!
Tuet seinen Hut nicht ab. –

Weh! Schon schau'n ihn grollend an
Pilgerin und Pilgersmann. –
Zwar der Kutscher sucht mit Klappen
Anzuspornen seinen Rappen,

Aber Jochen schiebt die lange
Jungfernbundesfahnenstange
Durch die Hinterräder quer –

Schrupp! – und's Fuhrwerk geht nicht mehr. –

Bei den Beinen, bei dem Rocke
Zieht man ihn von seinem Bocke.

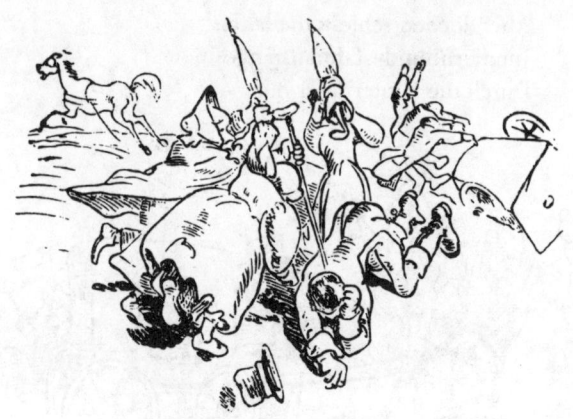

Jungfer Nanni mit der Krücke
Stößt ihm häufig ins Genicke.
Aber Jungfer Adelheid
Treibt die Sache gar zu weit,

Denn sie sticht in Kampfeshitze
Mit des Schirmes scharfer Spitze;
Und vor Schaden schützt ihn bloß
Seine warme Lederhos'. –

Drauf so schau 'n sich fröhlich an
Pilgerin und Pilgersmann. –

Fern verklingt der Jungfernchor,
Bruder Jochen betet vor. –

Doch der böse Kutscher, dem
Alles dieses nicht genehm,

Meldet eilig die Geschichte
Bei dem hohen Stadtgerichte.
Dieses ladet baldigst vor
Jochen und den Jungfernchor.

Und das Urteil wird gesprochen:
Bruder Jochen kriegt drei Wochen;
Aber Jungf- und Bruderschaften
Sollen für die Kosten haften. –

Ach! Da schau'n sich traurig an
Pilgerin und Pilgersmann.

DIE ZWILLINGE

Wo kriegten wir die Kinder her,
Wenn Meister Klapperstorch nicht wär'?

Er war's, der Schmöcks in letzter Nacht
Ein kleines Zwillingspaar gebracht.

Der Vetter Franz, mit mildem Blick,
Hub an und sprach: »O welches Glück!
Welch kleine, freundliche Kollegen!
Das ist fürwahr zwiefacher Segen!

Drum töne zwiefach Preis und Ehr!
Herr Schmöck, ich gratuliere sehr!«

Bald drauf um zwölf kommt Schmöck herunter,
So recht vergnügt und frisch und munter.

Und emsig setzt er sich zu Tische,
Denn heute gibt's Salat und Fische.

Autsch! – Eine Gräte kommt verquer,
Und Schmöck wird blau und hustet sehr;

Und hustet, bis ihm der Salat
Aus beiden Ohren fliegen tat.

Bums! Da! Er schließt den Lebenslauf.
Der Jean fängt schnell die Flasche auf.

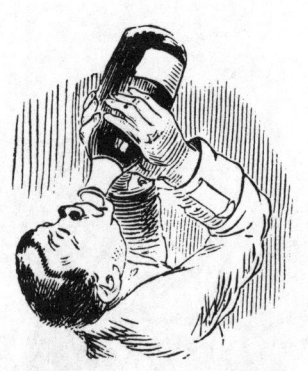

»Oh!« – sprach der Jean – »Es ist ein Graus!
Wie schnell ist doch das Leben aus!«

»O Franz!« – spricht Lene – und sie weint.
»O Franz! Du bist mein einz'ger Freund!«

»Ja!« – schwört der Franz mit mildem Hauch.
»Ich war's, ich bin's und bleib' es auch!«

Nun gute Nacht! Schon tönt es zehn!
Will's Gott! Auf baldig Wiedersehn!

Die Stiegen steigt er sanft hinunter. –
Schau, schau! Die Kathi ist noch munter.

Das freut den Franz. – Er hat nun mal
'n Hang fürs Küchenpersonal.

Der Jean, der heimlich näher schlich,
Bemerkt die Sache zorniglich.

Von großer Eifersucht erfüllt,
Hebt er die Flasche rasch und wild.

Und – kracks! – Es dringt der scharfe Schlag
Bis tief in das Gedankenfach.

's ist aus! – Der Lebensfaden bricht. –
Helene naht. – Es fällt das Licht. –

DIE REUE

Ach, wie ist der Mensch so sündig! –
Lene, Lene! Gehe in dich! –

Und sie eilet tieferschüttert
Zu dem Schranke schmerzdurchzittert.

Fort! Ihr falschgesinnten Zöpfe,
Schminke und Pomadetöpfe!

Fort! Du Apparat der Lüste!
Hochgewölbtes Herzgerüste!

Fort vor allem mit dem Übel
Dieser Lust- und Sündenstiebel!

Trödelkram der Eitelkeit,
Fort, und sei der Glut geweiht!

Oh, wie lieblich sind die Schuhe
Demutsvoller Seelenruhe! –

Sieh, da geht Helene hin,
Eine schlanke Büßerin!

VERSUCHUNG UND ENDE

Es ist ein Brauch von alters her:
Wer Sorgen hat, hat auch Likör!

»Nein!« – ruft Helene – »Aber nun
Will ich's auch ganz – und ganz – und ganz –
und ganz gewiß nicht wieder tun!«

Sie kniet von ferne fromm und frisch.
Die Flasche stehet auf dem Tisch.

Es läßt sich knien auch ohne Pult.
Die Flasche wartet mit Geduld.

Man liest nicht gerne weit vom Licht.
Die Flasche glänzt und rührt sich nicht.

Oft liest man mehr als wie genug.
Die Flasche ist kein Liederbuch.

Gefährlich ist des Freundes Nähe.
O Lene, Lene! Wehe, Wehe!

Oh, sieh! – Im sel'gen Nachtgewande
Erscheint die jüngstverstorbne Tante.

Mit geisterhaftem Schmerzgetöne –
»Helene!« – ruft sie – »O Helene!«

Umsonst! – Es fällt die Lampe um,
Gefüllt mit dem Petroleum.

Und hilflos und mit Angstgewimmer
Verkohlt dies fromme Frauenzimmer.

Hier sieht man ihre Trümmer rauchen.
Der Rest ist nicht mehr zu gebrauchen.

Hu! Draußen welch ein schrecklich Grausen!
Blitz, Donner, Nacht und Sturmesbrausen! –

Schon wartet an des Hauses Schlote
Der Unterwelt geschwänzter Bote.

Zwar Lenens guter Genius
Bekämpft den Geist der Finsternus.

Doch dieser kehrt sich um und packt
Ihn mit der Gabel zwiegezackt.

O weh, o weh! Der Gute fällt!
Es siegt der Geist der Unterwelt.

Er faßt die arme Seele schnelle

Und fährt mit ihr
zum Schlund der Hölle.

Hinein mit ihr! –
Huhu! Haha!
Der heil'ge Franz
ist auch schon da.

EPILOG

Als Onkel Nolte dies vernommen,
War ihm sein Herze sehr beklommen.

Doch als er nun genug geklagt:
»Oh!« sprach er – »Ich hab's gleich gesagt!

Das Gute – dieser Satz steht fest –
Ist stets das Böse, was man läßt!

Ei ja! – Da bin ich wirklich froh!
Denn, Gott sei Dank! Ich bin nicht so!«

Dideldum

Individualität

Es ist mal so, daß ich so bin.
Weiß selber nicht warum.
Hier ist die Schenke. Ich bin drin
Und denke mir: Dideldum!

Daß das so ist, das tut mir leid.
Mein Individuum
Hat aber mal die Eigenheit,
Drum denk ich mir: Dideldum!

Und schaut die Jungfer Kellnerin
Sich auch nach mir nicht um;
Ich weiß ja doch, wie schön ich bin,
Und denke mir: Dideldum!

Und säße einer da abseit
Mit Knurren und Gebrumm
Und meint, ich wäre nicht gescheit,
So denk ich mir: Dideldum!

Doch kommt mir wer daher und spricht,
Ich wäre gar nicht frumm
Und hätte keine Tugend nicht,
Das nehm ich krumm. – Dideldum!

▶•◀

Dilemma

Das glaube mir – so sagte er –,
Die Welt ist mir zuwider,
Und wenn die Grübelei nicht wär,
So schöß ich mich darnieder.

Was aber wird nach diesem Knall
Sich späterhin begeben?
Warum ist mir mein Todesfall
So eklig wie mein Leben?

Mir wäre doch, potzsapperlot,
Der ganze Spaß verdorben,
Wenn man am Ende gar nicht tot,
Nachdem daß man gestorben.

►◄

Wankelmut

Was bin ich alter Bösewicht
So wankelig von Sinne.
Ein leeres Glas gefällt mir nicht,
Ich will, daß was darinne.

Das ist mir so ein dürr Geklirr;
He, Kellnerin, erscheine!
Laß dieses öde Trinkgeschirr
Befeuchtet sein von Weine!

Nun will mir aber dieses auch
Nur kurze Zeit gefallen;
Hinunter muß es durch den Schlauch
Zur dunklen Tiefe wallen. –

So schwank ich ohne Unterlaß
Hinwieder zwischen beiden.
Ein volles Glas, ein leeres Glas
Mag ich nicht lange leiden.

Ich bin gerade so als wie
Der Erzbischof von Köllen,
Er leert sein Gläslein wuppheidi
Und läßt es wieder völlen.

▶•◀

Der Nöckergreis

Ich ging zum Wein und ließ mich nieder
Am langen Stammtisch der Nöckerbrüder.
Da bin ich bei einem zu sitzen gekommen,
Der hatte bereits das Wort genommen.

»Kurzum« – so sprach er – »ich sage bloß,
Wenn man den alten Erdenkloß,
Der, täglich teilweis aufgewärmt,
Langweilig präzis um die Sonne schwärmt,
Genau besieht und wohl betrachtet
Und, was darauf passiert, beachtet,
So findet man, und zwar mit Recht,
Daß nichts so ist, wie man wohl möcht.

Da ist zuerst die Hauptgeschicht:
Ein Bauer traut dem andern nicht.
Ein jeder sucht sich einen Knittel,
Ein jeder polstert seinen Kittel,
Um bei dem nächsten Tanzvergnügen
Gewappnet zu sein und obzusiegen,
Anstatt bei Geigen- und Flötenton,
Ein jeder mit seiner geliebten Person,
Fein sittsam im Kreise herumzuschweben.
Aber nein! Es muß halt Keile geben.

Und außerdem und anderweitig:
Liebt man sich etwa gegenseitig?
Warum ist niemand weit und breit
Im vollen Besitz der Behaglichkeit?
Das kommt davon, es ist hienieden
Zu vieles viel zu viel verschieden.

Der eine fährt Mist, der andre spazieren;
Das kann ja zu nichts Gutem führen,
Das führt, wie man sich sagen muß,
Vielmehr zu mehr und mehr Verdruß.

Und selbst, wer es auch redlich meint,
Erwirbt sich selten einen Freund.
Wer liebt z. B. auf dieser Erde,
Ich will mal sagen, die Steuerbehörde?
Sagt sie: Besteuern wir das Bier,
So macht's den Christen kein Pläsier.
Erwägt sie dagegen die Steuerkraft
Der Börse, so trauert die Judenschaft;
Und alle beide, so Jud wie Christ,
Sind grämlich, daß diese Welt so ist.

Es war mal 'ne alte runde Madam,
Deren Zustand wurde verwundersam.
Bald saß sie grad, bald lag sie krumm,
Heut war sie lustig und morgen frumm;
Oft aß sie langsam, oft aber so flink,
Wie Heinzmann, eh er zum Galgen ging.
Oft hat sie sogar ein bissel tief
Ins Gläschen geschaut, und dann ging's schief.
Sodann zerschlug sie mit großem Geklirr
Glassachen und alles Porzellangeschirr.
Da sah denn jeder mit Schrecken ein:
Es muß wo was nicht in Ordnung sein.
Und als sich versammelt die Herren Doktoren,

Da kratzten dieselben sich hinter den Ohren.
Der erste sprach: ›Ich befürchte sehr,
Es fehlt der innere Durchgangsverkehr;
Die Gnädige hat sich übernommen;
Man muß ihr purgänzlich zu Hilfe kommen.‹
Der zweite sprach: ›O nein, mitnichten.‹
›Es handelt sich hier um Nervengeschichten.‹
›Das ist's‹ – sprach der dritte – ›was ich auch ahne;
Man liest zu viele schlechte Romane.‹
›Oder‹ – sprach der vierte –
›sagen wir lieber,
Man hat das Schulden- und Wechselfieber.‹
›Ja‹ – meinte der fünfte – ›das ist es eben;
Das kommt vom vielen Lieben und Leben.‹
›O weh‹ – rief der sechste – ›der Fall ist kurios;
Am End ist die oberste Schraube los.‹
›Ha‹ – schrie der letzte – ›das alte Weib
Hat unbedingt den Teufel im Leib;
Man hole sogleich den Pater her,
Sonst kriegen wir noch Malör mit der.‹
Der Pater kam mit eiligen Schritten;
Er rät den Teufel nicht lange bitten;
Er spricht zu ihm ein kräftiges Wort:
    ›Raus, raus, und hebe dich fort,
    Du Lügengeist,
    Der frech und dreist
    Sich hier in diesen Leib gewagt!‹
›I mag net!‹ – hat der Teufel gesagt.
Hierauf – doch lassen wir die Späß,
Denn so was ist nicht sachgemäß.
Ich sage bloß, die Welt ist böse.
Was soll zum Beispiel das Getöse,
Was jetzt so manche Menschen machen
Mit Knallbonbons und solchen Sachen.
Man wird ja schließlich ganz vertattert,
Wenn's immer überall so knattert.

Das sollte man wirklich solchen Leuten
Mal ernstlich verbieten und zwar beizeiten,
Sonst sprengen uns diese Schwerenöter
Noch kurz und klein bis hoch in den Äther,
Und so als Pulver herumzufliegen,
Das ist grad auch kein Sonntagsvergnügen.
Wie oft schon sagt ich: ›Man hüte sich.‹
Was hilft's? Man hört ja nicht auf mich.
Ein jeder Narr tut, was er will.
Na, meinetwegen! Ich schweige still!«

So räsonierte der Nöckergreis. –
Uns aber macht er so leicht nichts weis;
Und ging's auch drüber oder drunter,
Wir bleiben unverzagt und munter.
Es ist ja richtig: Heut pfeift der Spatz,
Und morgen vielleicht schon holt ihn die Katz;
Der Floh, der abends krabbelt und prickt,
Wird morgens, wenn's möglich, schon totgeknickt;
Und dennoch lebt und webt das alles
Recht gern auf der Kruste des Erdenballes. –
Froh hupft der Floh. –
Vermutlich bleibt es noch lange so.

▶◀

Trinklied

Gestern ging ich wieder mal
In die Schenke schnelle,
Wie der durst'ge Pilgersmann
Eilt aus der Kapelle.

Alldieweil der Durst so groß,
Trink' ich etwas eil'ger
Und erglänze alsobald
Wie ein neuer Heil'ger.

Wie der Pater Gabriel
Werd' ich allnachgrade;
Zwicke schon die Kellnerin
Listig in die Wade. –

Beim Getränke lieb' ich mir
So ein Spiel, ein kleines;
Ach, mein Geld ist hin, wie einst
Kozmianen seines.

Da der Wirt auf Zahlung dringt,
Fang' ich an zu tosen.
Drauf ergeht's mir wie dem Erz-
Bischof hint in Posen.

Meinen Rock verwahrt der Wirt,
Und die Schelle zieht er:
»Heda, Hausel! Schiebe fort
Diesen Jesuiter!«

Als ich auf der Gasse lag,
Schlägt die Glocke zwölfe,
Und ich grolle tiefempört
Wie ein alter Welfe.

Gleich so fragt mich ein Gendarm,
Was ich hier bezweckte.
Keine Auskunft geben wir,
Seminarpräfekte!

Darum sitz' ich heut im Loch. –
Ach! Und dieser Kater!
Fluchend geh' ich auf und ab
Wie ein heil'ger Vater.

▶◀

Der Maulwurf

In seinem Garten freudevoll
Geht hier ein Gärtner namens Knoll.

Doch seine Freudigkeit vergeht,
Ein Maulwurf wühlt im Pflanzenbeet.

Schnell eilt er fort und holt die Hacke,
Daß er den schwarzen Wühler packe.

Jetzt ist vor allem an der Zeit
Die listige Verschwiegenheit.

Aha! Schon hebt sich was im Beet,
Und Knoll erhebt sein Jagdgerät.

Schwupp! Da – und Knoll verfehlt das Ziel.
Die Hacke trennt sich von dem Stiel.

Das Instrument ist schnell geheilt;
Ein Nagel wird hineingekeilt.

Und wieder steht er ernst und krumm
Und schaut nach keiner Seite um.

Klabumm! – So krieg die Schwerenot! –
Der Nachbar schießt die Spatzen tot.

Doch immerhin und einerlei!
Ein Flintenschuß ist schnell vorbei.

Schon wieder wühlt das Ungetier.
Wart! denkt sich Knoll. Jetzt kommen wir.

Er schwingt die Hacke voller Hast –
Radatsch! – O schöner Birnenast!

Die Hacke ärgert ihn doch sehr,
Drum holt er jetzt den Spaten her.

Nun, Alter, sei gescheit und weise
Und mache leise, leise, leise!

Schnarräng! – Da tönt ihm in das Ohr
Ein Bettelmusikantenchor.

Musik wird oft nicht schön gefunden,
Weil sie stets mit Geräusch verbunden.

Kaum ist's vorbei mit dem Trara,
So ist der Wühler wieder da.

Schnupp! dringt die Schaufel wie der Blitz
Dem Maulwurf unter seinen Sitz.

Und mit Hurra in einem Bogen
Wird er herauf ans Licht gezogen.

Aujau! Man setzt sich in den Rechen
Voll spitzer Stacheln, welche stechen.

Und Knoll zieht für den Augenblick
Sich schmerzlich in sich selbst zurück.

Schon hat der Maulwurf sich derweil
Ein Loch gescharrt in Angst und Eil.

Doch Knoll, der sich emporgerafft,
Beraubt ihn seiner Lebenskraft.

Da liegt der schwarze Bösewicht
Und wühlte gern und kann doch nicht;

Denn hinderlich, wie überall,
Ist hier der eigne Todesfall.

►◄

Romanze

Es war einmal ein Schneiderlein
Mit Nadel und mit Scher,
Der liebt ein Mädel hübsch und fein
So sehr, ach Gott, so sehr.

Er kam zu ihr in später Stund
Und redt so hin und her,
Ob er ihr etwa helfen kunnt
Mit Nadel und mit Scher.

Da dreht das Mädel sich herum!
»Oje, ojemine!
Deine Nadel ist ja schon ganz krumm,
Geh, geh, mein Schneider, geh!«

Der Schneider schrie: »Du falsche Dirn,
Hätt' ich dich nie gekannt!«
Er kauft sich einen Faden Zwirn
Und hängt sich an die Wand.

►◄

Die Kirmes

Fest schlief das gute Elternpaar
Am Abend, als die Kirmes war.

Der Vater hält nach seiner Art
Des Hauses Schlüssel wohl verwahrt;
Indem er denkt: Auf die Manier
Bleibt mein Herminchen sicher hier! –

Ach lieber Gott, jaja, so ist es!
Nicht wahr, ihr guten Mädchen wißt es:
Kaum hat man was, was einen freut,
So macht der Alte Schwierigkeit!

Hermine seufzt. – Dann denkt sie! Na!
Es ist ja noch das Fenster da!
Durch dieses eilt sie still behende
Hierauf hinab am Weingelände

Und dann durchs Tor voll frohen Drangs
Im Rosakleid mit drei Volants. –
Grad rüsten sich zum neuen Reigen
Rumbumbaß, Tutehorn und Geigen.

Tihumtata humtata humtatata!
Zupptrudiritirallala rallalala!
's ist doch ein himmlisches Vergnügen,
Sein rundes Mädel herzukriegen

Und rundherum und auf und nieder
Im schönen Wechselspiel der Glieder
Die ahnungsvolle Kunst zu üben,
Die alle schätzen, welche lieben. –

Hermine tanzt wie eine Sylphe,
Ihr Tänzer ist der Forstgehülfe. –
Auch dieses Paar ist flink und niedlich,
Der Herr benimmt sich recht gemütlich.

Hier sieht man zierliche Bewegung,
Doch ohne tiefre Herzensregung.
Hingegen diese, voll Empfindung,
Erstreben herzliche Verbindung.

Und da der Hans, der gute Junge,
Hat seine Grete sanft im Schwunge;
Und inniglich, in süßem Drange,
Schmiegt sich die Wange an die Wange.

Und dann mit fröhlichem Juchhe,
Gar sehr geschickt, macht er Schaßee.
Der blöde Konrad steht von fern
Und hat die Sache doch recht gern.

Der Konrad schaut genau hinüber.
Die Sache wird ihm immer lieber.
Der Konrad leert sein fünftes Glas,
Die Schüchternheit verringert das.

Flugs engagiert er die bewußte
Von ihm so hochverehrte Guste.
Die Seele schwillt, der Mut wird groß,
Heidi! Da saust der Konrad los.

Zu große Hast macht ungeschickt. –
Hans kommt mit Konrad in Konflikt.
Und – hulterpulter rumbumbum! –
Stößt man die Musikanten um.

Am meisten litt das Tongeräte. –
Und damit ist die schöne Fete
Zu jedermanns Bedauern aus. –

Hermine eilt zum Elternhaus
Und denkt, wie sie herabgeklommen,
Auch wieder so hinaufzukommen.

O weh! Da bricht ein Stab der Reben.
Nun fängt Hermine an zu schweben.

Die Luft weht kühl. Der Morgen naht. –
Die gute Mutter, welche grad,
Das Waschgeschirr in allen Ehren
Gewohntermaßen auszuleeren,
Das Fenster öffnet, sieht mit Beben
Hermine an der Stange schweben.

Und auch die Jugend, die sich sammelt,
Ist froh, daß da wer bimmelbammelt.
Doch sieh, da zeigt der Vater sich
Und schneidet weg, was hinderlich.

Und mit gedämpftem Schmerzenshauch
Senkt sie sich in den Rosenstrauch.

▶•◀

Der Zylinder

Josephitag ist, wie du weißt,
Ein Fest für den, der Joseph heißt.

Drum bürstet, weil er fromm und gut,
Auch dieser Joseph seinen Hut
Und macht sich überhaupt recht schön,
Wie alle, die zur Metten gehn.

Hier geht er aus der Türe schon
Und denkt an seinen Schutzpatron. –

Heraußen weht nicht sehr gelind
Von Osten her ein kühler Wind,
So daß die beiden langen Spitzen,
Die hinten an dem Fracke sitzen,
Mit leichtem Schwunge sich erheben
Und brüderlich nach Westen streben.

Jetzt kommt die Ecke. Immer schlimmer
Weht hier der Wind. – Ein Frauenzimmer,
Obschon von Wuchse schön und kräftig,
Ist sehr bewegt und flattert heftig,
So daß man wohl bemerken kann –
O Joseph, was geht dich das an?

Ja, siehst du wohl, das war nicht gut!
Jetzt nimmt der Wind dir deinen Hut!

Schnell legt der Joseph sein Brevier
Auf einen Stein vor einer Tür,
Um so erleichtert ohne Weilen
Dem schönen Flüchtling nachzueilen. –

O weh, da trifft und faßt ihn grad,
Doch nur am Rand, ein Droschkenrad.
Jetzt eilt er wieder schnell und heiter
In schönen Kreisen emsig weiter.
Und Joseph eilet hinterdrein
Hopsa! Da liegt ja wohl ein Stein.
Wutschi – Der Joseph liegt im Saft.
Der Hut entfernt sich wirbelhaft.

Dies sieht aus frohem Hintergrund
Ein alter Herr mit seinem Hund,
Und grade kommen auch daher
Die andern frommen Josepher
Und denken sich mit frohem Graus:
Wie schauderhaft sieht Joseph aus!

Und Josephs Hut, wo wäre der,
Wenn der Soldat allhier nicht wär'
Und nicht mit seinem Bajonett
Ihn mutig aufgehalten hätt'. –

Nun hat ihn doch der Joseph wieder. –
Stolz geht der Krieger auf und nieder. –
Der Joseph aber schaut geschwind,
Wo seine andern Sachen sind.
Gottlob sie sind noch alle dort. –
Der Herr mit seinem Hund geht fort,
Und Joseph schreitet auch nach Haus. –
Er sieht nicht mehr so stattlich aus.

Und muß nun leider dessentwegen
Privatim seiner Andacht pflegen.
Drum soll man nie bei Windeswehen
Auf weibliche Gestalten sehen.

►◄

Summa summarum

Sag, wie wär es, alter Schragen,
Wenn du mal die Brille putztest,
Um ein wenig nachzuschlagen,
Wie du deine Zeit benutztest.

Oft wohl hätten dich so gerne
Weiche Arme warm gebettet;
Doch du standest kühl von ferne,
Unbewegt, wie angekettet.

Oft wohl kam's, daß du die schöne
Zeit vergrimmtest und vergrolltest,
Nur weil diese oder jene
Nicht gewollt, so wie du wolltest.

Demnach hast du dich vergebens
Meistenteils herumgetrieben;
Denn die Summe unsres Lebens
Sind die Stunden, wo wir lieben.

►◄

Idiosynkrasie

Der Tag ist grau. Die Wolken ziehn.
Es saust die alte Mühle.
Ich schlendre durch das feuchte Grün
Und denke an meine Gefühle.

Die Sache ist mir nicht genehm.
Ich ärgre mich fast darüber.
Der Müller ist gut; trozte alledem
Ist mir die Müllerin lieber.

Schlußchor

Was mit dieser Welt gemeint,
Scheint mir keine Frage.
Alle sind wir hier vereint
Froh beim Festgelage.

Setzt Euch her und schaut Euch um,
Voll sind alle Tische;
Keiner ist von uns so dumm,
Daß er nichts erwische.

Jeder schau der Nachbarin
In die Augensterne,
Daß er den geheimen Sinn
Dieses Lebens lerne.

Stoßet an! Die Wonnekraft
Möge selig walten,
Bis die Zeit uns fortgerafft
Zu dem Chor der Alten;

Bis in süßem Unverstand
Unsre Lippen lallen,
Bis das Auge und die Hand,
Bis wir selber fallen. –

Dann so tragt mich nur beiseit
In die dunkle Kammer,
Auszuruhn in Ewigkeit
Ohne Katzenjammer.

►◄

Kritik des Herzens

Was ist die alte Mamsell Schmöle
Für eine liebe, treue Seele!

Sie spricht zu ihrer Dienerin:
Ach, Rieke, geh Sie da nicht hin!
Was will Sie da im goldnen Löben
Heut abend auf und nieder schweben?
Denn wedelt nicht bei Spiel und Tanz
Der Teufel fröhlich mit dem Schwanz?
Und überhaupt, was ist es nütz?
Sie quält sich ab, Sie kommt in Schwitz,
Sie geht hinaus, erkältet sich
Und hustet dann ganz fürchterlich.
Drum bleibe Sie bei mir nur lieber!
Und, Rieke, geh Sie mal hinüber
Und hole Sie von Kaufmann Fräse
Ein Viertel guten Schweizerkäse,
Und sei Sie aber ja ja ja
Gleich zur Minute wieder da!

So ist die gute Mamsell Schmöle
Besorgt für Riekens Heil der Seele.
Ja später noch, in stiller Nacht,
Ist sie auf diesen Zweck bedacht
Und schleicht an Riekens Kammertür
Und schaut, ob auch die Rieke hier,
Und ob sie auch in Frieden ruht
Und daß ihr ja nicht wer was tut,
Was sich nun einmal nicht gehört,
Was gottlos und beneidenswert.

▶◀

*W*enn alles sitzen bliebe,
Was wir in Haß und Liebe
So voneinander schwatzen;
Wenn Lügen Haare wären,
Wir wären rauh wie Bären
Und hätten keine Glatzen.

▸◂

*D*a kommt mir eben so ein Freund
Mit einem großen Zwicker.
Ei, ruft er, Freundchen, wie mir scheint,
Sie werden immer dicker.

Ja ja, man weiß oft selbst nicht wie,
So kommt man in die Jahre;
Pardon, mein Schatz, hier haben Sie
Schon eins, zwei graue Haare!

Hinaus, verdammter Kritikus,
Sonst schmeiß ich dich in Scherben.
Du Schlingel willst mir den Genuß
Der Gegenwart verderben!

▸◂

*E*s saß in meiner Knabenzeit
Ein Fräulein jung und frisch
Im ausgeschnittnen grünen Kleid
Mir vis-à-vis bei Tisch.

Und wie's denn so mit Kindern geht,
Sehr frömmig sind sie nie,
Ach, dacht ich oft beim Tischgebet,
Wie schön ist doch Marie!

*E*s ging der fromme Herr Kaplan,
Nachdem er bereits viel Gutes getan,
In stiller Betrachtung der schönen Natur
Einst zur Erholung durch die Flur.

Und als er kam an den Waldessaum,
Da rief der Kuckuck lustig vom Baum:
Wünsch guten Abend, Herr Kollege!
Der Storch dagegen, nicht weit vom Wege,
Steigt in der Wiese auf und ab
Und spricht verdrießlich: Plapperapapp!
Gäb's lauter Pfaffen lobesam,
Ich wäre längst schon flügellahm!

Man sieht, daß selbst der frömmste Mann
Nicht allen Leuten gefallen kann.

▶◄

*E*s flog einmal ein muntres Fliegel
Zu einem vollen Honigtiegel.
Da tunkt es mit Zufriedenheit
Den Rüssel in die Süßigkeit.
Nachdem es dann genug geschleckt,
Hat es die Flüglein ausgereckt
Und möchte sich nach oben schwingen.
Allein das Bein im Honigseim
Sitzt fest als wie in Vogelleim.
Nun fängt das Fliegel an zu singen:
Ach lieber Himmel mach mich frei
Aus dieser süßen Sklaverei!

Ein Freund von mir, der dieses sah,
Der seufzte tief und rief: Ja ja!

▶◄

*W*as soll ich nur von eurer Liebe glauben?
Was kriecht ihr immer so in dunkle Lauben?
Wozu das ewge Flüstern und Gemunkel?
Das scheinen höchst verdächtige Geschichten.
Und selbst die besten ehelichen Pflichten,
Von allem Tun die schönste Tätigkeit,
In Tempeln von des Priesters Hand geweiht,
Ihr hüllt sie in ein schuldbewußtes Dunkel.

►◄

*D*as Bild des Manns in nackter Jugendkraft,
So stolz in Ruhe und bewegt so edel,
Wohl ist's ein Anblick, der Bewundrung schafft;
Drum, Licht herbei! Und merke dir's, o Schädel!

Jedoch ein Weib, ein unverhülltes Weib –
Da wird dir's doch ganz anders, alter Junge.
Bewundrung zieht sich durch den ganzen Leib
Und greift mit Wonneschreck an Herz und Lunge.

Und plötzlich jagt das losgelaßne Blut
Durch alle Gassen, wie die Feuerreiter.
Der ganze Kerl ist *eine* helle Glut;
Er sieht nichts mehr und tappt nur noch so weiter.

►◄

*E*r war ein grundgescheiter Mann,
Sehr weise und hocherfahren;
Er trug ein graumeliertes Haar,
Dieweil er schon ziemlich bei Jahren.

Er war ein abgesagter Feind
Des Lachens und des Scherzens
Und war doch der größte Narr am Hof
Der Königin seines Herzens.

*I*ch kam in diese Welt herein,
Mich baß zu amüsieren,
Ich wollte gern was Rechtes sein
Und mußte mich immer genieren.
Oft war ich hoffnungsvoll und froh,
Und später kam es doch nicht so.

Nun lauf ich manchen Donnerstag
Hienieden schon herummer,
Wie ich mich drehn und wenden mag,
's ist immer der alte Kummer.
Bald klopft vor Schmerz und bald vor Lust
Das rote Ding in meiner Brust.

►•◄

*M*an wünschte sich herzlich gute Nacht;
Die Tante war schrecklich müde;
Bald sind die Lichter ausgemacht,
Und alles ist Ruh und Friede.

Im ganzen Haus sind nur noch zween,
Die keine Ruhe finden,
Das ist der gute Vetter Eugen
Mit seiner Base Lucinden.

Sie wachten zusammen bis in der Früh,
Sie herzten sich und küßten.
Des Morgens beim Frühstück taten sie,
Als ob sie von nichts was wüßten.

►•◄

Der Hausknecht in dem »Weidenbusch«
Zu Frankfurt an dem Main,
Der war Poet, doch immer kurz,
Denn wenig fiel ihm ein.

Ja, sprach er, Freund, wir leben jetzt
In der Depeschenzeit,
Und Schiller, käm er heut zurück,
Wär auch nicht mehr so breit.

►◄

Kennt der Kerl denn keine Gnade?
Soll er uns mit seiner Suade,
Durch sein breites Explizieren,
Schwadronieren, Disputieren,
Soll er uns denn stets genieren,
Dieser säuselnde Philister,
Beim Genuß des edlen Weins?

Pump ihn an, und plötzlich ist er
Kurz und bündig wie Glock Eins.

►◄

Es wohnen die hohen Gedanken
In einem hohen Haus.
Ich klopfte, doch immer hieß es:
Die Herrschaft fuhr eben aus!

Nun klopf ich ganz bescheiden
Bei kleineren Leuten an.
Ein Stückel Brot, ein Groschen
Ernähren auch ihren Mann.

►◄

*M*ein Freund, an einem Sonntagmorgen,
Tät sich ein hübsches Rößlein borgen.
Mit frischem Hemd und frischem Mute,
In blanken Stiefeln, blankem Hute,
Die Haltung stramm und stramm die Hose,
Am Busen eine junge Rose,
So reitet er durch die Alleen,
Wie ein Adonis anzusehen.

Die Reiter machen viel Vergnügen,
Wenn sie ihr stolzes Roß bestiegen.

Nun kommt da unter sanftem Knarren
Ein milchbeladner Eselskarren.
Das Rößlein, welches sehr erschrocken,
Fängt an zu trappeln und zu bocken,
Und, hopp, das war ein Satz ein weiter!
Dort rennt das Roß, hier liegt der Reiter,
Entfernt von seinem hohen Sitze,
Platt auf dem Bauche in der Pfütze.

Die Reiter machen viel Vergnügen,
Besonders, wenn sie drunten liegen.

▶•◀

*I*ch wußte, sie ist in der Küchen,
Ich bin ihr leise nachgeschlichen.
Ich wollt' ihr ewge Treue schwören
Und fragen, willst du mir gehören?

Auf einmal aber stutzte ich.
Sie kramte zwischen dem Gewürze;
Dann schneuzte sie und putzte sich
Die Nase mit der Schürze.

Es sitzt ein Vogel auf dem Leim,
Er flattert sehr und kann nicht heim.
Ein schwarzer Kater schleicht herzu,
Die Krallen scharf, die Augen gluh.
Am Baum hinauf und immer höher
Kommt er dem armen Vogel näher.

Der Vogel denkt: Weil das so ist
Und weil mich doch der Kater frißt,
So will ich keine Zeit verlieren,
Will noch ein wenig quinquilieren
Und lustig pfeifen wie zuvor.
Der Vogel, scheint mir, hat Humor.

▶•◀

Ihr kennt ihn doch schon manches Jahr,
Wißt, was es für ein Vogel war;
Wie er in allen Gartenräumen
Herumgeflattert auf den Bäumen;
Wie er die hübschen roten Beeren,
Die andern Leuten zugehören,
Mit seinem Schnabel angepickt
Und sich ganz lasterhaft erquickt.

Nun hat sich dieser böse Näscher,
Gardinenschleicher, Mädchenhäscher,
Der manchen Biedermann gequält,
Am Ende selber noch vermählt.
Nun legt er seine Stirn in Falten,
Fängt eine Predigt an zu halten
Und möchte uns von Tugend schwatzen.

Ei, so ein alter Schlingel! Kaum
Hat er 'nen eignen Kirschenbaum,
So schimpft er auf die Spatzen.

Die Selbstkritik hat viel für sich.
Gesetzt den Fall, ich tadle mich,
So hab ich erstens den Gewinn,
Daß ich so hüsch bescheiden bin;
Zum zweiten denken sich die Leut,
Der Mann ist lauter Redlichkeit;
Auch schnapp ich drittens diesen Bissen
Vorweg den andern Kritiküssen;
Und viertens hoff ich außerdem
Auf Widerspruch, der mir genehm.
So kommt es denn zuletzt heraus,
Daß ich ein ganz famoses Haus.

►•◄

Sei ein braver Biedermann,
Fange tüchtig an zu loben!
Und du wirst von uns sodann
Gerne mit emporgehoben.

Wie, du ziehst ein schiefes Maul?
Willst nicht, daß dich andre adeln?
Na, denn sei mir nur nicht faul.
Und verlege dich aufs Tadeln.

Gelt, das ist ein Hochgenuß,
Schwebst du so mit Wohlgefallen
Als ein selger Kritikus
Hocherhaben über allen.

►•◄

*D*ie Rose sprach zum Mägdelein:
Ich muß dir ewig dankbar sein,
Daß du mich an den Busen drückst
Und mich mit deiner Huld beglückst.

Das Mägdlein sprach: O Röslein mein,
Bild dir nur nicht zuviel drauf ein,
Daß du mir Aug und Herz entzückst.
Ich liebe dich, weil du mich schmückst.

►•◄

*D*u fragtest mich früher nach mancherlei.
Ich sagte dir alles frank und frei.
Du fragtest, wann ich zu reisen gedächte,
Welch ein Geschäft ich machen möchte.
Ich sagte dir offen: dann und dann;
Ich gab dir meine Pläne an.

Oft hat die Reise mir nicht gepaßt;
Dann nanntest du mich 'n Quirlequast.
Oft ging's mit dem Geschäfte krumm;
Dann wußtest du längst, es wäre dumm.
Oft kamst du mir auch mit List zuvor;
Dann schien ich mir selber ein rechter Tor.

Nun hab ich, weil mich dieses gequält,
Mir einen hübschen Ausweg erwählt.
Ich rede, wenn ich reden soll,
Und lüge dir die Jacke voll.

►•◄

*M*ich wurmt es, wenn ich nur dran denke. –
Es saß zu München in der Schenke
Ein Protz mit dunkelroter Nase
Beim elften oder zwölften Glase.

Da schlich sich kümmerlich heran
Ein armer alter Bettelmann,
Zog vor dem Protzen seinen Hut
Und fleht: Gnä Herr, ach sein S' so gut!

Der Protz jedoch, fuchsteufelswild,
Statt was zu geben, flucht und schilt:
Gehst raus, du alter Lump, du schlechter!
Nix möcht' er, als grad saufen möcht' er!

►•◄

*I*ch meine doch, so sprach er mal,
Die Welt ist recht pläsierlich.
Das dumme Geschwätz von Schmerz und Qual
Erscheint mir ganz ungebührlich.

Mit reinem kindlichen Gemüt
Genieß ich, was mir beschieden,
Und durch mein ganzes Wesen zieht
Ein himmlischer Seelenfrieden. –

Kaum hat er diesen Spruch getan,
Aujau! so schreit er kläglich.
Der alte hohle Backenzahn
Wird wieder mal unerträglich.

►•◄

*L*aß doch das ewge Fragen,
Verehrter alter Freund.
Ich will von selbst schon sagen,
Was mir vonnöten scheint.

Du sagst vielleicht dagegen:
Man fragt doch wohl einmal.
Gewiß! Nur allerwegen
Ist mir's nicht ganz egal.

Bei deinem Fragestellen
Hat eines mich frappiert:
Du fragst so gern nach Fällen,
Wobei ich mich blamiert.

►•◄

*W*irklich, er war unentbehrlich!
Überall, wo was geschah
Zu dem Wohle der Gemeinde,
Er war tätig, er war da.

Schützenfest, Kasinobälle,
Pferderennen, Preisgericht,
Liedertafel, Spritzenprobe,
Ohne ihn, da ging es nicht.

Ohne ihn war nichts zu machen,
Keine Stunde hatt' er frei.
Gestern, als sie ihn begruben,
War er richtig auch dabei.

►•◄

*E*s saßen einstens beieinand
Zwei Knaben, Fritz und Ferdinand.

Da sprach der Fritz: Nun gib mal acht,
Was ich geträumt vergangne Nacht.
Ich stieg in einen schönen Wagen,
Der Wagen war mit Gold beschlagen.
Zwei Englein spannten sich davor,
Die zogen mich zum Himmelstor.
Gleich kamst du auch und wolltest mit
Und sprangest auf den Kutschentritt,
jedoch ein Teufel, schwarz und groß,
Der nahm dich hinten bei der Hos
Und hat dich in die Höll getragen.
Es war sehr lustig, muß ich sagen. –

So hübsch nun dieses Traumgesicht,
Dem Ferdinand gefiel es nicht.
Schlapp! schlug er Fritzen an das Ohr,
Daß er die Zippelmütz verlor.
Der Fritz, der dies verdrießlich fand,
Haut wiederum den Ferdinand;
Und jetzt entsteht ein Handgemenge,
Sehr schmerzlich und von großer Länge. –

So geht durch wesenlose Träume
Gar oft die Freundschaft aus dem Leime.

▶◄

*E*r stellt sich vor sein Spiegelglas
Und arrangiert noch dies und das.
Er dreht hinaus des Bartes Spitzen,
Sieht zu, wie seine Ringe blitzen,
Probiert auch mal, wie sich das macht,
Wenn er so herzgewinnend lacht,
Übt seines Auges Zauberkraft,
Legt die Krawatte musterhaft,
Wirft einen süßen Scheideblick
Auf sein geliebtes Bild zurück,
Geht dann hinaus zur Promenade,
Umschwebt vom Dufte der Pomade,
Und ärgert sich als wie ein Stint,
Daß andre Leute eitel sind.

►◄

*E*s stand vor eines Hauses Tor
Ein Esel mit gespitztem Ohr,
Der käute sich sein Bündel Heu
Gedankenvoll und still entzwei. –
Nun kommen da und bleiben stehn
Der naseweisen Buben zween,
Die auch sogleich, indem sie lachen,
Verhaßte Redensarten machen,
Womit man denn bezwecken wollte,
Daß sich der Esel ärgern sollte. –

Doch dieser hocherfahrne Greis
Beschrieb nur einen halben Kreis,
Verhielt sich stumm und zeigte itzt
Die Seite, wo der Wedel sitzt.

►◄

Ein dicker Sack, den Bauer Bolte,
Der ihn zur Mühle tragen wollte,
Um auszuruhn, mal hingestellt,
Dicht bei ein reifes Ährenfeld,
Legt sich in würdevolle Falten
Und fängt 'ne Rede an zu halten.

Ich, sprach er, bin der volle Sack.
Ihr Ähren seid nur dünnes Pack.
Ich bin's, der euch auf dieser Welt
In Einigkeit zusammenhält.
Ich bin's, der hoch vonnöten ist,
Daß euch das Federvieh nicht frißt;
Ich, dessen hohe Fassungskraft
Euch schließlich in die Mühle schafft.
Verneigt euch tief, denn ich bin Der!
Was wäret ihr, wenn ich nicht wär?

Sanft rauschen die Ähren:
Du wärst ein leerer Schlauch, wenn wir nicht wären.

►◄

Ferne Berge seh ich glühen!
Unruhvoller Wandersinn!
Morgen will ich weiterziehen,
Weiß der Teufel, wohin?

Ja, ich will mich nur bereiten,
Will – was hält mich nur zurück?
Nichts wie dumme Kleinigkeiten!
Zum Exempel, Dein Blick!

►◄

*A*ch, wie geht's dem Heilgen Vater!
Groß und schwer sind seine Lasten,
Drum, o Joseph, trag den Gulden
In Sankt Peters Sammelkasten!

So sprach im Seelentrauerton
Die Mutter zu dem frommen Sohn.

Der Joseph, nach empfangner Summe,
Eilt auch sogleich ums Eck herumme,
Bis er das Tor des Hauses fand,
Wo eines Bockes Bildnis stand,
Was man dahin gemalt mit Fleiß
Zum Zeichen, daß hier Bockverschleiß.

Allhier in einen kühlen Hof
Setzt sich der Josef hin und sof;
Und aß dazu, je nach Bedarf,
Die gute Wurst, den Radi scharf,
Bis er, was nicht gar lange währt,
Sankt Peters Gulden aufgezehrt.

Nun wird's ihm trauriglich zu Sinn
Und stille singt er vor sich hin:

Ach der Tugend schöne Werke,
Gerne möcht ich sie erwischen,
Doch ich merke, doch ich merke,
Immer kommt mir was dazwischen.

►◄

Sehr tadelnswert ist unser Tun,
Wir sind nicht brav und bieder. –
Gesetzt den Fall, es käme nun
Die Sündflut noch mal wieder:

Das wär ein Zappeln und Geschreck!
Wir tauchten alle unter;
Dann kröchen wir wieder aus dem Dreck
Und wären, wie sonst, recht munter.

▶◀

Wer möchte diesen Erdenball
Noch fernerhin betreten,
Wenn wir Bewohner überall
Die Wahrheit sagen täten.

Ihr hießet uns, wir hießen euch
Spitzbuben und Halunken,
Wir sagten uns fatales Zeug
Noch eh wir uns betrunken.

Und überall im weiten Land,
Als langbewährtes Mittel,
Entsproßte aus der Menschenhand
Der treue Knotenknittel.

Da lob ich mir die Höflichkeit,
Das zierliche Betrügen.
Du weißt Bescheid, ich weiß Bescheid;
Und allen macht's Vergnügen.

▶◀

Kinder, lasset uns besingen,
Aber ohne allen Neid,
Onkel Kaspers rote Nase.
Die uns schon so oft erfreut.

Einst ward sie als zarte Pflanze
Ihm von der Natur geschenkt;
Fleißig hat er sie begossen,
Sie mit Wein und Schnaps getränkt.

Bald bemerkte er mit Freuden,
Daß die junge Knospe schwoll,
Bis es eine Rose wurde,
Dunkelrot und wundervoll.

Alle Rosen haben Dornen,
Diese Rose hat sie nicht,
Hat nur so ein Büschel Haare,
Welches keinen Menschen sticht.

Ihrem Kelch entströmen süße
Wohlgerüche, mit Verlaub:
Aus der wohlbekannten Dose
Schöpft sie ihren Blütenstaub.

Oft an einem frischen Morgen
Zeigt sie uns ein duftig Blau,
Und an ihrem Herzensblatte
Blinkt ein Tröpfchen Perlentau.

Wenn die andern Blumen welken,
Wenn's im Winter rauh und kalt,
Dann hat diese Wunderrose
Erst die rechte Wohlgestalt.

Drum zu ihrem Preis und Ruhme
Singen wir dies schöne Lied.
Vivat Onkel Kaspers Nase,
Die zu allen Zeiten blüht!

▸•◂

*D*ie erste alte Tante sprach:
Wir müssen nun auch dran denken,
Was wir zu ihrem Namenstag
Dem guten Sophiechen schenken.

Drauf sprach die zweite Tante kühn:
Ich schlage vor, wir entscheiden
Uns für ein Kleid in Erbsengrün,
Das mag Sophiechen nicht leiden.

Der dritten Tante war das recht:
Ja, sprach sie, mit gelben Ranken!
Ich weiß, sie ärgert sich nicht schlecht
Und muß sich auch noch bedanken.

▸•◂

Es sprach der Fritz zu dem Papa:
Was sie nur wieder hat?
Noch gestern sagte mir Mama:
Du fährst mit in die Stadt.

Ich hatte mich schon so gefreut
Und war so voll Pläsier.
Nun soll ich doch nicht mit, denn heut
Da heißt es: Fritz bleibt hier!

Der Vater saß im Sorgensitz.
Er sagte ernst und still:
Trau Langhals nicht, mein lieber Fritz,
Der hustet, wann er will!

►◄

Der alte Förster Püterich
Der ging nach langer Pause
Mal wieder auf den Schnepfenstrich
Und brachte auch eine nach Hause.

Als er sie nun gebraten hätt',
Da tät ihn was verdreußen;
Das Tierlein roch wie sonst so nett,
Nur konnt er's nicht recht mehr beißen.

Ach ja! so seufzt er wehgemut
Und wischt sich ab die Träne,
Die Nase wär so weit noch gut,
Nur bloß, es fehlen die Zähne.

►◄

*E*s saß ein Fuchs im Walde tief.
Da schrieb ihm der Bauer einen Brief:

So und so, und er sollte nur kommen,
's wär alles verziehn, was übelgenommen.
Der Hahn, die Hühner und Gänse ließen
Ihn alle zusammen auch vielmals grüßen.
Und wann ihn denn erwarten sollte
Sein guter, treuer Kirschan Bolte.

Drauf schrieb der Fuchs mit Gänseblut:
Kann nicht gut.
Meine Alte mal wieder
Gekommen nieder!
Im übrigen von ganzer Seele
Dein Fuchs in der Höhle.

▸•◂

*F*rüher, da ich unerfahren
Und bescheidner war als heute,
Hatten meine höchste Achtung
Andre Leute.

Später traf ich auf der Weide
Außer mir noch mehre Kälber,
Und nun schätz ich, sozusagen,
Erst mich selber.

▸•◂

Die Tante winkt, die Tante lacht:
He, Fritz, komm mal herein!
Sieh, welch ein hübsches Brüderlein
Der gute Storch in letzter Nacht
Ganz heimlich der Mama gebracht.
Ei ja, das wird dich freun!

Der Fritz, der sagte kurz und grob:
Ich hol 'n dicken Stein
Und schmeiß ihn an den Kopp!

►◄

Zwischen diesen zwei gescheiten
Mädchen, Anna und Dorette,
Ist zu allen Tageszeiten
Doch ein ewiges Gekrette.

Noch dazu um Kleinigkeiten. –
Gestern gingen sie zu Bette,
Und sie fingen an zu streiten,
Wer die dicksten Waden hätte.

►◄

Ich hab in einem alten Buch gelesen
Von einem Jüngling, welcher schlimm gewesen.
Er streut sein Hab und Gut in alle Winde.
Von Lust zu Lüsten und von Sünd zu Sünde,
In tollem Drang, in schrankenlosem Streben
Spornt er sein Roß hinein ins wilde Leben,
Bis ihn ein jäher Sturz vom Felsenrand
Dahingestreckt in Sand und Sonnenbrand,
Daß Ströme Bluts aus seinem Munde dringen
Und jede Hoffnung fast erloschen ist.

Ich aber hoffe – sagt hier der Chronist –
Die Gnade leiht dem Jüngling ihre Schwingen.

Im selben Buche hab ich auch gelesen
Von einem Manne, der honett gewesen.
Es war ein Mann, den die Gemeinde ehrte,
Der so von sechs bis acht sein Schöppchen leerte,
Der aus Prinzip nie einem etwas borgte,
Der emsig nur für Frau und Kinder sorgte;
Dazu ein proprer Mann, der nie geflucht,
Der seine Kirche musterhaft besucht.
Kurzum, er hielt sein Rößlein stramm im Zügel
Und war, wie man so sagt, ein guter Christ.

Ich fürchte nur – bemerkt hier der Chronist –
Dem Biedermanne wachsen keine Flügel.

▶•◀

Sahst du das wunderbare Bild von Brouwer?
Es zieht dich an, wie ein Magnet.
Du lächelst wohl, derweil ein Schreckensschauer
Durch deine Wirbelsäule geht.

Ein kühler Dokter öffnet einem Manne
Die Schwäre hinten im Genick;
Daneben steht ein Weib mit einer Kanne,
Vertieft in dieses Mißgeschick.

Ja, alter Freund, wir haben unsre Schwäre
Meist hinten. Und voll Seelenruh
Drückt sie ein andrer auf. Es rinnt die Zähre,
Und fremde Leute sehen zu.

▶•◀

*D*ie Liebe war nicht geringe.
Sie wurden ordentlich blaß;
Sie sagten sich tausend Dinge
Und wußten noch immer was.

Sie mußten sich lange quälen,
Doch schließlich kam's dazu,
Daß sie sich konnten vermählen.
Jetzt haben die Seelen Ruh.

Bei eines Strumpfes Bereitung
Sitzt sie im Morgenhabit;
Er liest in der Kölnischen Zeitung
Und teilt ihr das Nötige mit.

►◄

*D*u willst sie nie und nie mehr wiedersehen?
Besinne dich, mein Herz, noch ist es Zeit.
Sie war so lieb. Verzeih, was auch geschehen.
Sonst nimmt dich wohl beim Wort die Ewigkeit
Und zwingt dich mit Gewalt zum Weitergehen
Ins öde Reich der Allvergessenheit.
Du rufst und rufst; vergebens sind die Worte;
Ins feste Schloß dumpfdröhnend schlägt die Pforte.

►◄

*S*elig sind die Auserwählten,
Die sich liebten und vermählten;
Denn sie tragen hübsche Früchte.
Und so wuchert die Geschichte
Sichtbarlich von Ort zu Ort.
Doch die braven Junggesellen,
Jungfern ohne Ehestellen,

Welche ohne Leibeserben
So als Blattgewächse sterben,
Pflanzen sich durch Knollen fort.

▶•◀

Sie stritten sich beim Wein herum,
Was das nun wieder wäre;
Das mit dem Darwin wär gar zu dumm
Und wider die menschliche Ehre.

Sie tranken manchen Humpen aus,
Sie stolperten aus den Türen,
Sie grunzten vernehmlich und kamen zu Haus
Gekrochen auf allen vieren.

▶•◀

Ich sah dich gern im Sonnenschein,
Wenn laut die Vöglein sangen,
Wenn durch die Wangen und Lippen dein
Rosig die Strahlen drangen.

Ich sah dich auch gern im Mondenlicht
Beim Dufte der Jasminen,
Wenn mir dein freundlich Angesicht
So silberbleich erschienen.

Doch, Mädchen, gern hätt ich dich auch,
Wenn ich dich gar nicht sähe,
Und fühlte nur deines Mundes Hauch
In himmlisch warmer Nähe.

▶•◀

Der alte Junge ist gottlob
Noch immer äußerst rührig;
Er läßt nicht nach, er tut als ob,
Wenn schon die Sache schwierig.

Wie wonnig trägt er Bart und Haar,
Wie blinkt der enge Stiefel.
Und bei den Damen ist er gar
Ein rechter böser Schliefel.

Beschließt er dann des Tages Lauf,
So darf er sich verpusten,
Setzt seine Zipfelkappe auf
Und muß ganz schrecklich husten.

►◄

Ach, ich fühl es! Keine Tugend
Ist so recht nach meinem Sinn;
Stets befind ich mich am wohlsten,
Wenn ich damit fertig bin.

Dahingegen so ein Laster,
ja, das macht mir viel Pläsier;
Und ich hab die hübschen Sachen
Lieber vor als hinter mir.

►◄

Ich weiß noch, wie er in der Juppe
Als rauhbehaarte Bärenpuppe
Vor seinem vollen Humpen saß
Und hoch und heilig sich vermaß,
Nichts ginge über rechten Durst,
Und Lieb und Ehr wär gänzlich Wurst.

Darauf verging nicht lange Zeit,
Da sah ich ihn voll Seligkeit,
Gar schön gebürstet und gekämmt,
Im neuen Frack und reinen Hemd,
Aus Sankt Micheli Kirche kommen,
Allwo er sich ein Weib genommen.

Nun ist auch wohl, so wie mir scheint,
die Zeit nicht ferne, wo er meint,
Daß so ein kleines Endchen Ehr
Im Knopfloch gar nicht übel wär.

▶•◀

*A*lso hat es dir gefallen
Hier in dieser schönen Welt;
So daß das Vondannenwallen
Dir nicht sonderlich gefällt.

Laß dich das doch nicht verdrießen.
Wenn du wirklich willst und meinst,
Wirst du wieder aufersprießen;
Nur nicht ganz genau wie einst.

Aber, Alter, das bedenke,
Daß es hier noch manches gibt,
Zum Exempel Gicht und Ränke,
Was im ganzen unbeliebt.

▶•◀

Du warst noch so ein kleines Mädchen
Von acht, neun Jahren ungefähr,
Da fragtest du mich vertraut und wichtig:
Wo kommen die kleinen Kinder her?

Als ich nach Jahren dich besuchte,
Da warst du schon über den Fall belehrt,
Du hattest die alte vertrauliche Frage
Hübsch praktisch gelöst und aufgeklärt.

Und wieder ist die Zeit vergangen.
Hohl ist der Zahn und ernst der Sinn.
Nun kommt die zweite wichtige Frage:
Wo gehen die alten Leute hin?

Madam, ich habe mal vernommen,
Ich weiß nicht mehr so recht von wem:
Die praktische Lösung dieser Frage
Sei eigentlich recht unbequem.

►◄

Denkst du dieses alte Spiel
Immer wieder aufzuführen?
Willst du denn mein Mitgefühl
Stets durch Tränen ausprobieren?

Oder möchtest du vielleicht
Mir des Tanzes Lust versalzen?
Früher hast du's oft erreicht;
Heute werd ich weiterwalzen.

►◄

*H*och verehr ich ohne Frage
Dieses gute Frauenzimmer.
Seit dem segensreichen Tage,
Da ich sie zuerst erblickt,
Hat mich immer hoch entzückt
Ihre rosenfrische Jugend,
Ihre Sittsamkeit und Tugend
Und die herrlichen Talente.
Aber dennoch denk ich immer,
Daß es auch nicht schaden könnte,
Wäre sie ein bissel schlimmer.

▶◄

*S*ie hat nichts und du desgleichen;
Dennoch wollt ihr, wie ich sehe,
Zu dem Bund der heilgen Ehe
Euch bereits die Hände reichen.

Kinder, seid ihr denn bei Sinnen?
Überlegt euch das Kapitel!
Ohne die gehörgen Mittel
Soll man keinen Krieg beginnen.

▶◄

*M*ein kleinster Fehler ist der Neid. –
Aufrichtigkeit, Bescheidenheit,
Dienstfertigkeit und Frömmigkeit,
Obschon es herrlich schöne Gaben,
Die gönn ich allen, die sie haben.

Nur wenn ich sehe, daß der Schlechte
Das kriegt, was ich gern selber möchte;
Nur wenn ich leider in der Nähe
So viele böse Menschen sehe,

Und wenn ich dann so oft bemerke,
Wie sie durch sittenlose Werke
Den lasterhaften Leib ergötzen,
Das freilich tut mich tief verletzen.

Sonst, wie gesagt, bin ich hienieden
Gottlobunddank so recht zufrieden.

▸◂

*Al*s er noch krause Locken trug,
War alles ihm zu dumm,
Stolziert daher und trank und schlug
Sich mit den Leuten herum.

Die hübschen Weiber schienen ihm
Ein recht beliebtes Spiel;
An Seraphim und Cherubim
Glaubt er nicht sonderlich viel.

Jetzt glaubt er, was der Pater glaubt,
Blickt nur noch niederwärts,
Hat etwas Haar am Hinterhaupt
Und ein verprömmeltes Herz.

▸◂

*E*s hatt ein Müller eine Mühl
An einem Wasser kühle;
Da kamen hübscher Mädchen viel
Zu mahlen in der Mühle.

Ein armes Mädel war darunt,
Zählt sechzehn Jahre eben;
Allwo es ging, allwo es stund,
Der Müller stund daneben.

Er schenkt ein Ringlein ihr von Gold,
Daß er in allen Ehren
Sie ewig immer lieben wollt;
Da ließ sie sich betören.

Der Müller, der war falsch von Sinn:
»Wenn ich mich tu vermählen,
So will ich mir als Müllerin
Wohl eine Reiche wählen.«

Da 's arme Mädel das vernahm,
Wird's blaß und immer blasser
Und redt nit mehr und ging und kam
Und sprang ins tiefe Wasser. –

Der Müller kümmert sich nicht viel,
Tät Hochzeitleut bestellen
Und führt mit Sang und Saitenspiel
'ne andre zur Kapellen.

▶•◀

*W*ärst du ein Bächlein, ich ein Bach,
So eilt ich dir geschwinde nach.
Und wenn ich dich gefunden hätt
In deinem Blumenuferbett:
Wie wollt ich mich in dich ergießen
lind ganz mit dir zusammenfließen,
Du vielgeliebtes Mädchen du!
Dann strömten wir bei Nacht und Tage
Vereint in süßem Wellenschlage
Dem Meere zu.

▶•◀

*S*trebst du nach des Himmels Freude
Und du weißt's nicht anzufassen,
Sieh nur, was die andern Leute
Mit Vergnügen liegen lassen.

Dicke Steine, altes Eisen
Und mit Sand gefüllte Säcke
Sind den meisten, welche reisen,
Ein entbehrliches Gepäcke.

Laß sie laufen, laß sie rennen;
Nimm, was bleibt, zu deinem Teile.
Nur was sie dir herzlich gönnen,
Dient zu deinem ewgen Heile.

►◄

*I*ch saß vergnüglich bei dem Wein
Und schenkte eben wieder ein.
Auf einmal fuhr mir in die Zeh
Ein sonderbar pikantes Weh.
Ich schob mein Glas sogleich beiseit
Und hinkte in die Einsamkeit
Und wußte, was ich nicht gewußt:
Der Schmerz ist Herr und Sklavin ist die Lust.

►◄

*W*enn mir mal ein Malheur passiert,
Ich weiß, so bist du sehr gerührt.
Du denkst, es wäre doch fatal,
Passierte dir das auch einmal.
Doch weil das böse Schmerzensding
Zum Glück an dir vorüberging,
So ist die Sache anderseits

Für dich nicht ohne allen Reiz.
Du merkst, daß die Bedaurerei
So eine Art von Wonne sei.

►•◄

Gerne wollt ihr Gutes gönnen
Unserm Goethe, unserm Schiller,
Nur nicht Meier oder Müller,
Die noch selber lieben können.

Denn durch eure Männerleiber
Geht ein Konkurrenzgetriebe;
Sei es Ehre, sei es Liebe;
Doch dahinter stecken Weiber.

►•◄

Sie war ein Blümlein hübsch und fein,
Hell aufgeblüht im Sonnenschein.
Er war ein junger Schmetterling,
Der selig an der Blume hing.

Oft kam ein Bienlein mit Gebrumm
Und nascht und säuselt da herum.
Oft kroch ein Käfer kribbelkrab
Am hübschen Blümlein auf und ab.
Ach Gott, wie das dem Schmetterling
So schmerzlich durch die Seele ging.

Doch was am meisten ihn entsetzt,
Das Allerschlimmste kam zuletzt.
Ein alter Esel fraß die ganze
Von ihm so heiß geliebte Pflanze.

►•◄

Gestern war in meiner Mütze
Mir mal wieder was nicht recht;
Die Natur schien mir nichts nütze
Und der Mensch erbärmlich schlecht.

Meine Ehgemahlin hab ich
Ganz gehörig angeplärrt,
Drauf aus purem Zorn begab ich
Mich ins Symphoniekonzert.

Doch auch dies war nicht so labend,
Wie ich eigentlich gedacht,
Weil man da den ganzen Abend
Wieder mal Musik gemacht.

►◄

Seid mir nur nicht gar zu traurig,
Daß die schöne Zeit entflieht,
Daß die Welle kühl und schaurig
Uns in ihre Wirbel zieht;

Daß des Herzens süße Regung,
Daß der Liebe Hochgenuß,
jene himmlische Bewegung,
Sich zur Ruh begeben muß.

Laßt uns lieben, singen, trinken,
Und wir pfeifen auf die Zeit;
Selbst ein leises Augenwinken
Zuckt durch alle Ewigkeit.

►◄

*W*ie schad, daß ich kein Pfaffe bin.
Das wäre so mein Fach.
Ich bummelte durchs Leben hin
Und dächt nicht weiter nach.

Mich plagte nicht des Grübelns Qual,
Der dumme Seelenzwist,
Ich wüßte ein für allemal,
Was an der Sache ist.

Und weil mich denn kein Teufel stört,
So schlief ich recht gesund,
Wär wohlgenährt und hochverehrt
Und würde kugelrund.

Käm dann die böse Fastenzeit,
So wär ich fest dabei,
Bis ich mich elend abkasteit
Mit Lachs und Hühnerei.

Und dich, du süßes Mägdelein,
Das gern zur Beichte geht,
Dich nähm ich dann so ganz allein
Gehörig ins Gebet.

▶◀

*E*s wird mit Recht ein guter Braten
Gerechnet zu den guten Taten;
Und daß man ihn gehörig mache,
Ist weibliche Charaktersache.

Ein braves Mädchen braucht dazu
Mal, erstens, reine Seelenruh,
Daß bei Verwendung der Gewürze
Sie sich nicht hastig überstürze.

Dann, zweitens, braucht sie Sinnigkeit,
Ja, sozusagen Innigkeit,
Damit sie alles appetitlich,
Bald so, bald so und recht gemütlich
Begießen, drehn und wenden könne,
Daß an der Sache nichts verbrenne.

In summa braucht sie Herzensgüte,
Ein sanftes Sorgen im Gemüte,
Fast etwas Liebe insofern.
Für all die hübschen, edlen Herrn,
Die diesen Braten essen sollen
Und immer gern was Gutes wollen.

Ich weiß, daß hier ein jeder spricht:
»Ein böses Mädchen kann es nicht.«

Drum hab' ich mir auch stets gedacht
Zu Haus und anderwärts:

Wer einen guten Braten macht,
Hat auch ein gutes Herz.

►◄

Wärst du wirklich so ein rechter
Und wahrhaftiger Asket,
So ein Welt- und Kostverächter,
Der bis an die Wurzel geht;

Dem des Goldes freundlich Blinken,
Dem die Liebe eine Last,
Der das Essen und das Trinken,
Der des Ruhmes Kränze haßt –

Das Gekratze und Gejucke,
Aller Jammer hörte auf;
Kracks! mit einem einzgen Rucke
Hemmtest du den Weltenlauf.

►•◄

*E*s kam ein Lump mir in die Quer
Und hielt den alten Felbel her.
Obschon er noch gesund und stark,
Warf ich ihm dennoch eine Mark
Recht freundlich in den Hut hinein.
Der Kerl schien Philosoph zu sein.
Er sprach mit ernstem Bocksgesicht:
Mein Herr, Sie sehn, ich danke nicht.
Das Danken bin ich nicht gewohnt.
Ich nehme an, Sie sind gescheit
Und fühlen sich genug belohnt
Durch Ihre Eitelkeit.

►•◄

*I*ch weiß ein Märchen hübsch und tief.
Ein Hirtenknabe lag und schlief.
Da sprang heraus aus seinem Mund
Ein Mäuslein auf den Heidegrund.
Das weiße Mäuslein lief sogleich
Nach einem Pferdeschädel bleich,
Der da schon manchen lieben Tag
In Sonnenschein und Regen lag.
Husch! ist das kleine Mäuslein drin,
Läuft hin und her und her und hin,
Besieht sich all die leeren Fächer,
Schaut listig durch die Augenlöcher
Und raschelt so die Kreuz und Quer
Im alten Pferdekopf umher. –

Auf einmal kommt 'ne alte Kuh,
Stellt sich da hin und macht Hamuh!
Das Mäuslein, welches sehr erschreckt,
Daß da auf einmal wer so blöckt,
Springt, hutschi, übern Heidegrund
Und wieder in des Knaben Mund. –
Der Knab erwacht und seufzte: Oh,
Wie war ich doch im Traum so froh!
Ich ging in einen Wald hinaus,
Da kam ich vor ein hohes Haus,
Das war ein Schloß von Marmelstein.
Ich ging in dieses Schloß hinein.
Im Schloß sah ich ein Mädchen stehn,
Das war Prinzessin Wunderschön.
Sie lächelt freundlich und bekannt,
Sie reicht mir ihre weiße Hand,
Sie spricht: »Schau her, ich habe Geld,
Und mir gehört die halbe Welt;
Ich liebe dich nur ganz allein,
Du sollst mein Herr und König sein.«
Und wie ich fall in ihren Schoß,
Ratuh! kommt ein Trompetenstoß.
Und weg ist Liebchen, Schloß und alles
Infolge des Trompetenschalles.

►◄

Du hast das schöne Paradies verlassen,
Tratst ein in dieses Labyrinthes Gassen,
Verlockt von lieblich winkenden Gestalten,
Die Schale dir und Kranz entgegenhalten;
Und unaufhaltsam zieht's dich weit und weiter.

Wohl ist ein leises Ahnen dein Begleiter,
Ein heimlich Graun, daß diese süßen Freuden
Dich Schritt um Schritt von deiner Heimat scheiden,
Daß Irren Sünde, Heimweh dein Gewissen;
Doch ach umsonst! Der Faden ist zerrissen.
Hohläugig faßt der Schmerz dich an und warnt,
Du willst zurück, die Seele ist umgarnt.
Vergebens steht ob deinem Haupt der Stern.
Einsam, gefangen, von der Heimat fern,
Ein Sklave, starrst du in des Stromes Lauf
Und hängst an Weiden deine Harfe auf.

Nun fährst du wohl empor, wenn so zuzeiten
Im stillen Mondeslichte durch die Saiten
Ein leises, wehmutsvolles Klagen geht
Von einem Hauch, der aus der Heimat weht.

►•◄

Ich hab von einem Vater gelesen;
Die Tochter ist beim Theater gewesen.
Ein Schurke hat ihm das Mädchen verdorben,
So daß es im Wochenbette gestorben.

Das nahm der Vater sich tief zu Gemüte.
Und als er den Schurken zu fassen kriegte,
Verzieh er ihm nobel die ganze Geschichte.
Ich weine ob solcher Güte.

►•◄

Vor Jahren waren wir mal entzweit
Und taten uns manches zum Torte;
Wir sagten uns beide zu jener Zeit
Viel bitterböse Worte.

Drauf haben wir uns ineinander geschickt;
Wir schlossen Frieden und haben
Die bitterbösen Worte erstickt
Und fest und tief begraben.

Jetzt ist es wirklich recht fatal,
Daß wieder ein Zwist notwendig.
O weh! die Worte von dazumal
Die werden nun wieder lebendig.

Die kommen nun erst in offnen Streit
Und fliegen auf alle Dächer;
Nun bringen wir sie in Ewigkeit
Nicht wieder in ihre Löcher.

►◄

O du, die mir die Liebste war,
Du schläfst nun schon so manches Jahr.
So manches Jahr, da ich allein,
Du gutes Herz, gedenk ich dein.
Gedenk ich dein, von Nacht umhüllt,
So tritt zu mir dein treues Bild.
Dein treues Bild, was ich auch tu,
Es winkt mir ab, es winkt mir zu.

Und scheint mein Wort dir gar zu kühn,
Nicht gut mein Tun,
Du hast mir einst so oft verziehn,
Verzeih auch nun.

Nun, da die Frühlingsblumen wieder blühen,
In milder Luft die weißen Wolken ziehen,
Denk ich mit Wehmut deiner Lieb und Güte,
Du süßes Mädchen, das so früh verblühte.
Du liebtest nicht der Feste Lärm und Gaffen,
Erwähltest dir daheim ein stilles Schaffen,
Die Sorge und Geduld, das Dienen, Geben,
Ein innigliches Nurfürandreleben.
So teiltest du in deines Vaters Haus
Den Himmelsfrieden deiner Seele aus.
Bald aber kamen schwere, schwere Zeiten.
Wir mußten dir die Lagerstatt bereiten;
Wir sahn, wie deine lieben Wangen bleichten,
Sahn deiner Augen wundersames Leuchten;
Wir weinten in der Stille, denn wir wußten,
Daß wir nun bald auf ewig scheiden mußten.
Du klagtest nicht. Voll Milde und Erbarmen
Gedachtest du der bittren Not der Armen,
Gabst ihnen deine ganze kleine Habe
Und seufztest tief, daß so gering die Gabe.
Es war die letzte Nacht und nah das Ende;
Wir küßten dir die zarten, weißen Hände;
Du sprachst, lebt wohl, in deiner stillen Weise,
Und: oh, die schönen Blumen! riefst du leise.
Dann war's vorbei. Die großen Augensterne,
Weit, unbeweglich, starrten in die Ferne,
Indes um deine Lippen, halbgeschlossen,
Ein kindlichernstes Lächeln ausgegossen.
So lagst du da, als hättest du entzückt
Und staunend eine neue Welt erblickt.
Wo bist du nun, du süßes Kind, geblieben?
Bist du ein Bild im Denken deiner Lieben?
Hast du die weißen Schwingen ausgebreitet
Und zogst hinauf von Engelshand geleitet
Zu jener Gottesstadt im Paradiese,
Wo auf der heiligstillen Blütenwiese

Fernher im feierlichen Zug die Frommen
Anbetend zu dem Bild des Lammes kommen?
Wo du auch seist; im Herzen bleibst du mein.
Was Gutes in mir lebt, dein ist's allein.

►◄

Maler Klecksel

ERSTES KAPITEL

Das Reden tut dem Menschen gut;
Wenn man es nämlich selber tut;
Von Angstprodukten abgesehn,
Denn so etwas bekommt nicht schön.

Die Segelflotte der Gedanken,
Wie fröhlich fährt sie durch die Schranken
Der aufgesperrten Mundesschleuse
Bei gutem Winde auf die Reise
Und steuert auf des Schalles Wellen
Nach den bekannten offnen Stellen
Am Kopfe in des Ohres Hafen
Der Menschen, die mitunter schlafen.

Vor allem der Politikus
Gönnt sich der Rede Vollgenuß;
Und wenn er von was sagt, so sei's,
Ist man auch sicher, daß er's weiß.

Doch andern, darin mehr zurück,
Fehlt dieser unfehlbare Blick.
Sie lockt das zartere Gemüt
Ins anmutreiche Kunstgebiet,
Wo grade, wenn man nichts versteht,
Der Schnabel um so leichter geht.

Fern liegt es mir, den Freund zu rügen,
Dem Tee zu kriegen ein Vergnügen
Und im Salon mit geistverwandten
Ästhetisch durchgeglühten Tanten
Durch Reden bald und bald durch Lauschen
Die Seelen säuselnd auszutauschen.
Auch tadl' ich keinen, wenn's ihn gibt,
Der diese Seligkeit nicht liebt,
Der keinen Tee mag, selbst von Engeln,
Dem's da erst wohl, wo Menschen drängeln.
Ihn fährt die Droschke, zieht das Herz
Zu schönen Opern und Konzerts,
Die auch im Grund, was nicht zu leugnen,
Zum Zwiegespräch sich trefflich eignen.

Man sitzt gesellig unter vielen
So innig nah auf Polsterstühlen,
Man ist so voll humaner Wärme,
Doch ewig stört uns das Gelärme,
Das Grunzen, Plärren und Gegirre
Der musikalischen Geschirre,
Die eine Schar im schwarzen Fracke
Mit krummen Fingern, voller Backe,
Von Meister Zappelmann gehetzt,
Hartnäckig in Bewegung setzt.
So kommt die rechte Unterhaltung
Nur ungenügend zur Entfaltung.

Ich bin daher, statt des Gewinsels,
Mehr für die stille Welt des Pinsels;
Und, was auch einer sagen mag,
Genußreich ist der Nachmittag,
Den ich inmitten schöner Dinge
Im lieben Kunstverein verbringe;
Natürlich meistenteils mit Damen.
Hier ist das Reich der goldnen Rahmen,
Hier herrschen Schönheit und Geschmack,
Hier riecht es angenehm nach Lack;
Hier gibt die Wand sich keine Blöße,
Denn Prachtgemälde jeder Größe
Bekleiden sie und warten ruhig,
Bis man sie würdigt, und das tu ich.

Mit scharfem Blick, nach Kennerweise,
Seh ich zunächst mal nach dem Preise,
Und bei genauerer Betrachtung
Steigt mit dem Preise auch die Achtung.
Ich blicke durch die hohle Hand,
Ich blinzle, nicke: »Ah, scharmant!
Das Kolorit, die Pinselführung,
Die Farbentöne, die Gruppierung,
Dies Lüster, diese Harmonie,
Ein Meisterwerk der Phantasie.
Ach, bitte, sehn Sie nur, Komteß!«
Und die Komteß, sich unterdeß
Im duftigen Batiste schneuzend,
Erwidert schwärmrisch: »Oh, wie reizend!«

Und wahrlich! Preis und Dank gebührt
Der Kunst, die diese Welt verziert.

Der Architekt ist hochverehrlich,
(Obschon die Kosten oft beschwerlich)
Weil er uns unsre Erdenkruste,
Die alte, rauhe und berußte,
Mit saubern Baulichkeiten schmückt,
Mit Türmen und Kasernen spickt.

Der Plastiker, der uns ergötzt,
Weil er die großen Männer setzt,
Grauschwärzlich, grünlich oder weißlich,
Schon darum ist er löb- und preislich,
Daß jeder, der z. B. fremd
Soeben erst vom Bahnhof kömmt,
In der ihm unbekannten Stadt
Gleich den bekannten Schiller hat.

Doch größern Ruhm wird der verdienen,
Der Farben kauft und malt mit ihnen.

Wer weiß die Hallen und dergleichen
So welthistorisch zu bestreichen?
Al fresco und für ewig fast,
Wenn's mittlerweile nicht verblaßt.
Wer liefert uns die Genresachen,
So rührend oder auch zum Lachen?
Wer schuf die grünen Landschaftsbilder,
Die Wirtshaus- und die Wappenschilder?
Wer hat die Reihe deiner Väter
Seit tausend Jahren oder später
So meisterlich in Öl gesetzt?
Wer wird vor allen hochgeschätzt?
Der Farbenkünstler! Und mit Grund!
Er macht uns diese Welt so bunt.

Darum, o Jüngling, fasse Mut;
Setz auf den hohen Künstlerhut
Und wirf dich auf die Malerei;
Vielleicht verdienst du was dabei!

Nach diesem ermunterungsvollen Vermerke
Fahren wir fort im löblichen Werke.

ZWEITES KAPITEL

Nachdem die Welt so manches Jahr
Im alten Gleis gegangen war,
Erfuhr dieselbe unvermutet,
Daß, als der Wächter zwölf getutet,
Bei Klecksels, wohnhaft Nr. 3,
Ein Knäblein angekommen sei. –

Bald ist's im Kirchenbuch zu lesen;
Denn wer bislang nicht dagewesen,
Wer so als gänzlich Unbekannter,
Nunmehr als neuer Anverwandter

Ein glücklich Elternpaar besucht,
Wird flugs verzeichnet und gebucht.
Kritzkratz! Als kleiner Weltphilister
Steht Kuno Klecksel im Register. –

Früh zeigt sich seine Energie,
Indem er aus dermaßen schrie;
Denn früh belehrt ihn die Erfahrung:
Sobald er schrie, bekam er Nahrung.

Dann lutscht er emsig und behende,
Bis daß die Flüssigkeit zu Ende.
Auch schien's ihm höchst verwundersam,
Wenn jemand mit der Lampe kam.
Er staunt, er glotzt, er schaut verquer,
Folgt der Erscheinung hin und her
Und weidet sich am Lichteffekt.
Man sieht bereits, was in ihm steckt.

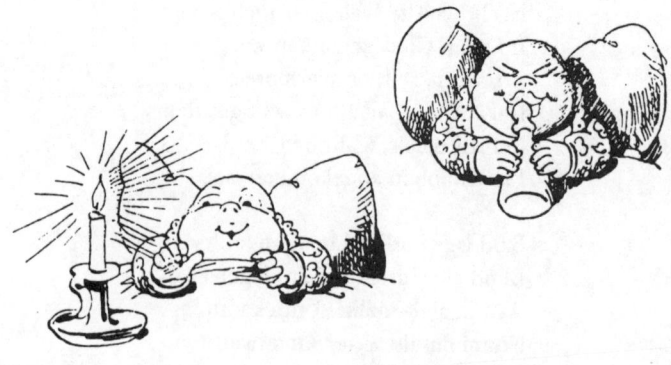

Schnell nimmt er zu, wird stark und feist
An Leib nicht minder wie an Geist
Und zeigt bereits als kleiner Knabe
Des Zeichnens ausgeprägte Gabe.

Zunächst mit einem Schieferstiele
Macht er Gesichter und Profile;

Zwei Augen aber fehlen nie,
Denn die, das weiß er, haben sie.

Durch Übung wächst der Menschenkenner.
Bald macht er auch schon ganze Männer,
Und zeichnet fleißig, oft und gern
Sich einen wohlbeleibten Herrn.
Und nicht nur, wie er außen war,
Nein, selbst das Innre stellt er dar.
Hier thront der Mann auf seinem Sitze
Und ißt z.B. Hafergrütze.
Der Löffel führt sie in den Mund,
Sie rinnt und rieselt durch den Schlund,
Sie wird, indem sie weiterläuft,
Sichtbar im Bäuchlein angehäuft. –

So blickt man klar, wie selten nur,
Ins innre Walten der Natur. –

Doch ach! Wie bald wird uns verhunzt
Die schöne Zeit naiver Kunst;
Wie schnell vom elterlichen Stuhle
Setzt man uns auf die Bank der Schule!

Herr Bötel nannte sich der Lehrer,
Der, seinerseits kein Kunstverehrer,
Mehr auf das Praktische beschränkt,
Dem Kuno seine Studien lenkt.

Einst an dem schwarzen Tafelbrett
Malt Kuno Böteln sein Portrett.

Herr Bötel, der es nicht bestellt,
Auch nicht für sprechend ähnlich hält,
Schleicht sich herzu in Zornerregung;
Und unter heftiger Bewegung

Wird das Gemälde ausgeputzt.
Der Künstler wird als Schwamm benutzt.
Bei Kuno ruft dies Ungemach
Kein Dankgefühl im Busen wach. –

Ein Kirchenschlüssel, von Gestalt
Ehrwürdig, rostig, lang und alt,
Durch Kuno hinten angefeilt,
Wird fest mit Pulver vollgekeilt.
Zu diesem ist er im Besitze
Von einer oft erprobten Spritze;
Und da er einen Schlachter kennt,
Füllt er bei ihm sein Instrument.

Die Nacht ist schwarz, Herr Bötel liest.
Bums! hört er, daß man draußen schießt.

Er denkt: Was mag da vor sich gehn?
Ich muß mal aus dem Fenster sehn.

Es zischt der Strahl, von Blut gerötet;
Herr Bötel ruft: »Ich bin getötet!«

Mit diesen Worten fällt er nieder
Und streckt die schreckgelähmten Glieder.
Frau Bötel war beim Tellerspülen;
Sie kommt und schreit mit Angstgefühlen:

»Ach, Bötel! Lebst du noch, so sprich!«
»Kann sein!« sprach er. – »Man wasche mich.«

Bald zeigt sich, wie die Sache steht.
Herr Bötel lebt und ist komplett.
Er ruft entrüstet und betrübt:
»Das hat der Kuno ausgeübt!« –

Wenn wer sich wo als Lump erwiesen,
So bringt man in der Regel diesen
Zum Zweck moralischer Erhebung
In eine andere Umgebung.
Der Ort ist gut, die Lage neu,
Der alte Lump ist auch dabei. –

Nach diesem schon öfters erprobten Vermerke
Fahren wir fort im löblichen Werke.

DRITTES KAPITEL

Alsbald nach dieser Spritzaffäre
Kommt unser Kuno in die Lehre
Zum braven Malermeister Quast;
Ein Mann, der seine Kunst erfaßt,
Ein Mann, der trefflich tapeziert
Und Ofennischen marmoriert
Und dem für künstlerische Zwecke
Erreichbar selbst die höchste Decke.

Der Kunstbetrieb hat seine Plagen.
Viel Töpfe muß der Kuno tragen.
Doch gerne trägt er einen Kasten
Mit Vesperbrot für sich und Quasten.

Es fiel ihm auf, daß jeder Hund
Bei diesem Kasten stillestund.
Ei! denkt er. Das ist ja famos!

Und macht den Deckel etwas los.
Ein Teckel, der den Deckel lupft,

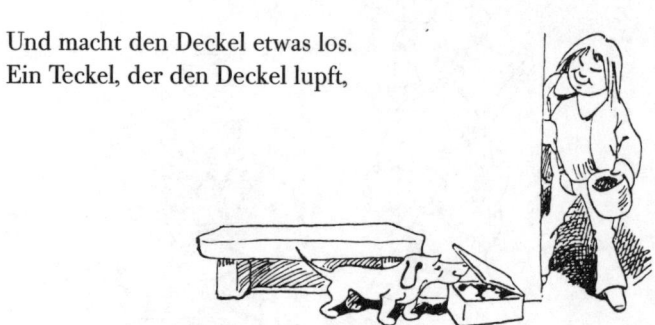

Wird eingeklemmt und angetupft,
So daß er buntgefleckelt ward,
Fast wie ein junger Leopard.

Ein Windspiel, das des Weges läuft
Und naschen will, wird quer gestreift;
Es ist dem Zebra ziemlich ähnlich,
Nur schlanker, als wie dies gewöhnlich.

Ein kleiner Bulldogg, der als dritter
Der Meinung ist, daß Wurst nicht bitter,
Wird reizend grün und gelb kariert,
Wie's einem Inglischmän gebührt.

Ungern bemerkt dies Meister Quast.
Ihm ist die Narretei verhaßt;
Er liebte keine Zeitverschwendung
Und falsche Farbestoffverwendung.
Er schwieg. Doch als die Stunde kam,
Wo man die Vespermahlzeit nahm,

Da sprach er mild und guten Mutes:
»Ein guter Mensch kriegt auch was Gutes!«

Er schnitt vom Brot sich einen Fladen.
Der Kuno wird nicht eingeladen.

Er greift zur Wurst. Er löst die Haut.
Der Kuno steht dabei und schaut.

Die Wurst verschwindet allgemach.
Der Kuno blickt ihr schmachtend nach. –

Die Wurst verschwand bis auf die Schläue.
Der Kuno weint der Tränen zweie.

Doch Meister Quast reibt frohbedächtig
Den Leib und spricht: »Das schmeckte prächtig!
Heut abend lass' ich nichts mehr kochen!« –
Er hält getreu, was er versprochen;

Geht ein durch seine Kammerpforte
Und spricht gemütlich noch die Worte:
»Sei mir willkommen, süßer Schlaf!

Ich bin zufrieden, weil ich brav!«
Der Kuno denkt noch nicht zu ruhn.
Er hat was Wichtiges zu tun.

Zunächst vor jeder andern Tat
Legt er sein Ränzel sich parat.
Sodann erbaut er auf der Diele
Aus Töpfen, Gläsern und Gestühle
Ein Werk im Stil der Pyramiden
Zum Denkmal, daß er abgeschieden;
Apart jedoch von der Verwirrnis
Stellt er den Topf, gefüllt mit Firnis;

Zuletzt ergreift er, wie zur Wehre,
Die mächtige Tapetenschere.

Quasts Deckbett ist nach altem Brauch
Ein stramm gestopfter Federschlauch.
Mit einem langen leisen Schnitte
Schlitzt es der Kuno in der Mitte.

Rasch leert er jetzt den Firnistopf
Auf Quastens ahnungslosen Kopf.

Quast fährt empor voll Schreck und Staunen,
Greift, schlägt und tobt und wird voll Daunen.

Er springt hinaus in großer Hast,
Von Ansehn wie ein Vogel fast,
Und stößt mit schrecklichem Rumbum
Die neuste Pyramide um.

Froh schlägt das Herz im Reisekittel,
Vorausgesetzt, man hat die Mittel.

Nach diesem ahnungsvollen Vermerke
Fahren wir fort im löblichen Werke.

VIERTES KAPITEL

Recht gern empfängt die Musenstadt
Den Fremdling, welcher etwas hat. –
Kuno ist da. Gedankentief
Verfaßt derselbe diesen Brief:

»Geehrter Herr Vater! Bei Meister Quast
Hat es mir leider nicht recht gepaßt.
Seit vorigen Freitag bin ich allhie,
Um zu besuchen die Akademie.
Geld hab' ich bereits schon gar nicht mehr.
Um solches, o Vater, ersuch' ich Euch sehr.
Logieren tu' ich auf hartem Gestrüppe.
Euer Sohn, das Hunger- und Angstgerippe.«

Der Vater, kratzend hinterm Ohr,
Sucht hundert Gulden bang hervor.
Eindringlich warnend vor Verschwendung,
Macht er dem Sohn die schwere Sendung.

Jetzt hat der Kuno Geld in Masse.
Stolz geht er in die Zeichenklasse.
Von allen Schülern, die da sitzen,
Kann keiner so den Bleistift spitzen.

Auch sind nur wenige dazwischen,
Die so wie er mit Gummi wischen.
Und im Schraffieren, was das Schwerste,
Da wird er unbedingt der erste.

Jedoch zu Nacht, wenn er sich setzte,
Beim Schimmelwirt, blieb er der letzte.
Mit Leichtigkeit genießt er hier
So seine ein, zwei, drei Glas Bier.

Natürlich, da er so vorzüglich,
Sitzt er zu Ostern schon vergnüglich
Im herrlichen Antikensaale,
Dem Sammelplatz der Ideale.

Der Alten ewig junge Götter –
Wenn mancher auch in Wind und Wetter
Und sonst durch allerlei Verdrieß
Kopf, Arm und Bein im Stiche ließ –
Ergötzen Kuno unbeschreiblich,
Besonders, wenn die Götter weiblich.

Er ahmt sie nach in schwarzer Kreide.
Doch kann er sich auch diese Freude
An schönen Sommernachmittagen,
Wenn's grade nötig, mal versagen

Und eilt mit brennender Havanna
Zum Schimmelwirt zu der Susanna.
Hier in des Gartens Lustrevier
Trinkt er so zwei, drei, vier Glas Bier.
Daher man denn auch bald erfuhr,
Der Klecksel malt nach der Natur.

Am linken Daumen die Palette,
Steht er schon da vor seinem Brette
Und malt die alte Runzeltante,
Daß sie fast jeder wiederkannte.

Doch eh' die Abendglocke klang,
Macht er den hergebrachten Gang
Zur Susel und vertilgt bei ihr
So seine vier, fünf, sechs Glas Bier.

Da eines Abends sagt ganz plötzlich,
Grad als der Kuno recht ergötzlich,
Dies sonst so nette Frauenzimmer:
»Jetzt zahlen, oder Bier gibt's nimmer!«
Ach! Reines Glück genießt doch nie,
Wer zahlen soll und weiß nicht wie!

Nach diesem mit Wehmut gemachten Vermerke
Fahren wir fort im löblichen Werke.

FÜNFTES KAPITEL

Ganz arglos auf dem Schillerplatzel
Geht Kunos Freund, der Herr v. Gnatzel,

Ein netter Herr, ein lieber Mann.
Der Kuno pumpt ihn freudig an.

Freund Gnatzels Züge werden schmerzlich.
Er spricht gerührt: »Bedaure herzlich!
Recht dumm! Vergaß mein Portemonnaie!
Geduld bis morgen früh! Adieu!«

Von nun an ist es sonderbar,
Wie Gnatzel schwer zu treffen war.
Oft naht sich dieser Freund von ferne,
Und Kuno grüßte ihn so gerne;

Doch kommt er nie zu seinem Zwecke;
Freund Gnatzel biegt um eine Ecke.

Oft sucht ihn Kuno zu beschleichen,
Um ihn von hinten zu erreichen;
Freund Gnatzel merkt es aber richtig,
Grad so, als ob er hintersichtig,

Schlüpft in die Droschke mit Geschick
Und läßt den Kuno weit zurück.

Der Kuno blickt in eine Schenke.
Sieh da! Freund Gnatzel beim Getränke!

Doch schnell entschlüpft er dem Lokal
Durchs Hinterpförtchen wie ein Aal. –

Der Kuno sieht in dieser Not
Nur noch ein einzig Rettungsboot.
Er hat, von Schöpfungsdrang erfüllt,
Verfertigt ein historisch Bild:
Wie Bertold Schwarz vor zwei Sekunden
Des Pulvers große Kraft erfunden.
Dies Bildnis soll der Retter sein.

Er bringt es auf den Kunstverein.
Leicht kommt man an das Bildermalen,
Doch schwer an Leute, die's bezahlen.
Statt ihrer ist, als ein Ersatz,
Der Kritikus sofort am Platz.

Nach diesem – ach leider! – so wahren Vermerke
Fahren wir fort im löblichen Werke.

SECHSTES KAPITEL

In selber Stadt ernährte sich
Ganz gut ein Dr. Hinterstich
Durch Kunstberichte von Bedeutung
In der von ihm besorgten Zeitung,
Was manchem das Geschäft verdirbt,
Der mit der Kunst sein Brot erwirbt.

Dies Blatt hat Klecksel mit Behagen
Von jeher eifrig aufgeschlagen.
Auch heute hält er's in der Hand
Und ist auf den Erfolg gespannt.

Wie düster wird sein Blick umnebelt!
Wie hat ihn Hinterstich vermöbelt!

Sogleich in eigener Person
Fort stürmt er auf die Redaktion.
Des Autors Physiognomie
Bedroht er mit dem Paraplü.

Der Kritikus, in Zornekstase,
Spießt mit der Feder Kunos Nase;

Ein Stich, der um so mehr verletzt,
Weil auch zugleich die Tinte ätzt.

Stracks wird der Regenschirm zur Lanze.

Flugs dient der Tisch als eine Schanze.

Vergeblich ist ein hoher Stoß;

Auch bleibt ein tiefer wirkungslos.

Jetzt greift der Kritikus voll Haß
Als Wurfgeschoß zum Tintenfaß.
Jedoch der Schaden bleibt gering,
Weil ihn das Paraplü empfing.

Der Kritikus braucht eine Finte.

Er zieht den Kuno durch die Tinte.

Der Tisch fällt um. Höchst penetrant
Wirkt auf das Augenlicht der Sand.

Indessen zieht der Kuno aber
Den Bleistift Numro 5 von Faber;

Und Hinterstich, der sehr rumort,
Wird mehrfach peinlich angebohrt.

Der Kuno, seines Sieges froh,
Verläßt das Redaktionsbüro.

Ein rechter Maler, klug und fleißig,
Trägt stets 'n spitzen Bleistift bei sich.

Nach diesem beherzigenswerten Vermerke
Fahren wir fort im löblichen Werke.

So ist denn also, wie das vorige
Ereignis lehrt, die Welthistorie
Wohl nicht das richtige Gebiet,
Wo Kunos Ruhm und Nutzen blüht.
Vielleicht bei näherer Bekanntschaft
Schuf die Natur ihn für die Landschaft,
Die jedem, der dazu geneigt,
Viel nette Aussichtspunkte zeigt.

Zum Beispiel dieses Felsenstück
Gewährt ihm einen weiten Blick.

Wer kommt denn über jenen Bach?
Das ist das Fräulein von der Ach,
Vermögend zwar, doch etwas ältlich,
Halb geistlich schon und halb noch weltlich,
Lustwandelt sie mit Seelenruh
Und ihrem Spitz dem Kloster zu.

Zwei Hunde kommen angehüpft,
Die man durch eine Schnur verknüpft.

Der Spitz, gar ängstlich, retiriert,

Das gute Fräulein wird umschnürt.

Der Spitz enteilt, die Hunde nach;

Mit ihnen Fräulein von der Ach.
Der Kuno springt von seinem Steine.

Ein Messerschnitt
zertrennt die Leine.

Der Kuno zeigt sich höchst galant.
Das Fräulein fragt, eh' sie verschwand:

»Darf man Ihr Atelier nicht sehn?« –
»Holzgasse 5.« – »Ich danke schön!« –
Vielleicht daß diese gute Tat
Recht angenehme Folgen hat!

Nach diesem hoffnungsvollen Vermerke
Fahren wir fort im löblichen Werke.

ACHTES KAPITEL

Sie blieb nicht aus. Sie kam zu ihm.
Hold lächelnd sprach sie und intim:
»Mein werter Freund! Seit längst erfüllt
Mich schon der Wunsch, ein lieblich Bild
Zu stiften in die Burgkapelle,
Was ich bei Ihnen nun bestelle.
So legendarisch irgendwie.
Vorläufig dies für Ihre Müh!«

Mit sanftem Druck legt sie in seine
Entzückte Hand zwei größre Scheine. –
Der Kuno, fremd in der Legende,
Verwendet sich zu diesem Ende
An einen grundgelehrten Greis,
Der folgende Geschichte weiß:

DER KÜHNE RITTER UND DER
GREULICHE LINDWURM

Es kroch der alte Drache
Aus seinem Felsgemache
Mit grausigem Randal.
All' Jahr ein Mägdlein wollt' er,
Sonst grollt' er und radollt' er,
Fraß alles ratzekahl.

Was kommt da aus dem Tore
In schwarzem Trauerflore
Für eine Prozession?
Die Königstochter Irme
Bringt man dem Lindgewürme,
Das Scheusal wartet schon.

Hurra! Wohl aus dem Holze
Ein Ritter keck und stolze
Sprengt her wie Wettersturm.
Er sticht dem Untier schnelle
Durch seine harte Pelle;
Tot liegt und schlapp der Wurm.

Da sprach der König freudig:
»Wohlan, Herr Ritter schneidig,
Setzt Euch bei uns zur Ruh.
Ich geb' Euch sporenstreiches
Die Hälfte meines Reiches,
Mein Töchterlein dazu!«

»Mau, mau!« So rief erschrocken
Mit aufgesträubten Locken
Der Ritter stolz und keck.
»Ich hatte schon mal eine,
Die sitzt mir noch im Beine!
Ade!« Und ritt ums Eck.

O altes blaues Wunder!
Da han wir doch jetzunder
Mehr Herz im Kamisol.
Wir ziehen unsre Kappe
Vor solchem Schwiegerpappe
Und sprechen: »Ei jawohl!«

Der Stoff ist Kuno sehr willkommen,
Die zweite Hälfte ausgenommen,
Um ihn mit Kohle zu skizzieren
Und dann in Farben auszuführen. –

Gar oft erfreut das Fräulein sich
An Kunos kühnem Kohlenstrich,

Obgleich ihr eigentlich nicht klar,
Wie auch dem Künstler, was es war.
Wie's scheint, will ihm vor allen Dingen
Das Bild der Jungfrau nicht gelingen.
»Nur schwach, Natur, wirst du verstanden«,
Seufzt er, »wenn kein Modell vorhanden!«
»Kann ich nicht dienen?« lispelt sie.
»Schön!« rief er. »Mittwoch in der Früh!«

Als nun die Abendglocke schlug,
Zieht ihn des Herzens tiefer Zug
Zum Schimmelwirt wie ehedem;
Und Susel macht sich angenehm.
Denn alte Treu, sofern es nur
Rentabel ist, kommt gern retour.

Ja, dies Verhältnis hier gedieh
Zu ungeahnter Harmonie. –
Mit zween Herrn ist schlecht zu kramen;
Noch schlechter, fürcht' ich, mit zwo Damen.

Nach diesem mit Zittern gemachten Vermerke
Fahren wir fort im löblichen Werke.

NEUNTES KAPITEL

Es war im schönen Karneval,
Wo, wie auch sonst und überall,
Der Mensch mit ungemeiner List
Zu scheinen sucht, was er nicht ist.

Dem Kuno scheint zu diesem Feste
Ein ritterlich Gewand das beste.

Schön Suschen aber schwebt dahin
Als holdnaive Schäferin.

Schon schwingt das Bein, das graziöse,
Sich nach harmonischem Getöse
Bei staubverklärtem Lichterglanze
Im angenehmsten Wirbeltanze. –

Doch ach! Die schöne Nacht verrinnt,
Der Morgen kommt; kühl weht der Wind.
Zwei Menschen wandeln durch den Schnee
Vereint in Kunos Atelier.

Und hier besiegeln diese zwei
Sich dauerhafte Lieb und Treu. –
Hoch ist der Liebe süßer Traum
Erhaben über Zeit und Raum. –

Der Kuno, auch davon betäubt,
Vergaß, daß man heut Mittwoch schreibt.
Es rauscht etwas im Vorgemach.
O weh! Das Fräulein von der Ach!

»Herzallerliebster Schatz, allons!
Verbirg dich hinter dem Karton!«

»Willkommen, schönste Gönnerin!
Hier, bitte, treten Sie mal hin!«

Begonnen wird das Konterfei.
Der Spitz schaut hinter die Stafflei.

Der Künstler macht sein Sach genau.
Der Spitz, bedenklich, macht wau, wau!

Entrüstet aber wird der Spitz
Infolge eines Seitentritts.

Die Haare sträuben sich dem Spitze.
Die Staffel schwankt. Aus rutscht die Stütze;

Und mit Gerassel wird enthüllt
Der Schäferin verschämtes Bild.

Nach dieser Krisis, wie ich bemerke,
Geht es zu End' mit dem löblichen Werke.

Schluss

Hartnäckig weiter fließt die Zeit;
Die Zukunft wird Vergangenheit.
Von einem großen Reservoir
Ins andre rieselt Jahr um Jahr;
Und aus den Fluten taucht empor
Der Menschen bunt gemischtes Korps.
Sie plätschern, traurig oder munter,
'n bissel 'rum, dann gehens unter
Und werden, ziemlich abgekühlt,
Für längre Zeit hinweggespült. –

Wie sorglich blickt das Aug' umher!
Wie freut man sich, wenn der und der,
Noch nicht versunken oder matt,
Den Kopf vergnügt heroben hat.

Der alte Schimmelwirt ist tot.
Ein neuer trägt das Reichskleinod.

Derselbe hat, wie seine Pflicht,
Dies Inserat veröffentlicht:

Kund sei es dem hohen Publiko,
Daß meine Frau Suse, des bin ich froh,
Hinwiederum eines Knäbleins genesen.
Als welches bis dato das fünfte gewesen.
Viel Gutes bringet der Jahreswechsel
Dem Schimmelwirte – Kuno Klecksel. –

So tut die vielgeschmähte Zeit
Doch mancherlei, was uns erfreut;
Und, was das beste, sie vereinigt
Selbst Leute, die sich einst gepeinigt. –
Das Fräulein freilich, mit erboster
Entsagung, ging vorlängst ins Kloster.
Doch Bötel, wenn er in den Ferien
Die Stadt besucht und Angehörigen,
Und Meister Quast, der allemal
Von hier entnimmt sein Material,
Wie auch der vielgewandte Gnatzel
(Jetzt schon bedeckt mit einer Atzel),

Ja, selbst der Dr. Hinterstich,
Dem alter Groll nicht hinderlich,
Sie alle trinken unbeirrt
Ihr Abendbier beim Schimmelwirt. –

Oft sprach dann Bötel mit Behagen:
»Herr Schimmelwirt! Ich kann wohl sagen:
Wär' nicht die rechte Bildung da,
Wo wären wir? Jajajaja!«

Nach diesem von Bötel gemachten Vermerk
Schließen wir freudig das löbliche Werk.

Zu guter Letzt

Der Traum

Ich schlief. Da hatt ich einen Traum.
Mein Ich verließ den Seelenraum.

Frei vom gemeinen Tagesleben,
Vermocht ich leicht dahinzuschweben.

So, angenehm mich fortbewegend,
Erreicht ich eine schöne Gegend.

Wohin ich schwebte, wuchs empor
Alsbald ein bunter Blumenflor,
Und lustig schwärmten um die Dolden
Viel tausend Falter, rot und golden.

Ganz nah auf einem Lilienstengel,
Einsam und sinnend, saß ein Engel,
Und weil das Land mir unbekannt,
Fragt ich: Wie nennt sich dieses Land?

Hier, sprach er, ändern sich die Dinge.
Du bist im Reich der Schmetterlinge.

Ich aber, wohlgemut und heiter,
Zog achtlos meines Weges weiter.

Da kam, wie ich so weiter glitt,
Ein Frauenbild und schwebte mit,
Als ein willkommenes Geleite,
Anmutig lächelnd mir zur Seite,
Und um sie nie mehr loszulassen,
Dacht ich die Holde zu umfassen;
Doch eh die Zeit dazu gefunden,
Schlüpft sie hinweg und ist verschwunden.

Mir war so schwül. Ich mußte trinken.
Nicht fern sah ich ein Bächlein blinken.
Ich bückte mich hinab zum Wasser.
Gleich faßt ein Arm, ein kalter blasser,
Vom Grund herauf mich beim Genick.

Zwar zog ich eilig mich zurück,
Allein der Hals war steif und krumm,
Nur mühsam dreht ich ihn herum,
Und ach, wie war es rings umher
Auf einmal traurig, öd und leer.

Von Schmetterlingen nichts zu sehn,
Die Blumen, eben noch so schön,
Sämtlich verdorrt, zerknickt, verkrumpelt.
So bin ich seufzend fortgehumpelt,
Denn mit dem Fliegen, leicht und frei,
War es nun leider auch vorbei.

Urplötzlich springt aus einem Graben,
Begleitet vom Geschrei der Raben,
Mir eine Hexe auf den Nacken
Und spornt mich an mit ihren Hacken
Und macht sich schwer wie Bleigewichte
Und drückt und zwickt mich fast zunichte,
Bis daß ich matt und lendenlahm
Zu einem finstern Walde kam.

Ein Jägersmann, dürr von Gestalt,
Trat vor und rief ein dumpfes Halt.

Schon liegt ein Pfeil auf seinem Bogen,
Schon ist die Sehne straff gezogen.
Jetzt trifft er dich ins Herz, so dacht ich,
Und von dem Todesschreck erwacht ich
Und sprang vom Lager ungesäumt,
Sonst hätt ich wohl noch mehr geträumt.

Immer wieder

Der Winter ging, der Sommer kam.
Er bringt aufs neue wieder
Den vielbeliebten Wunderkram
Der Blumen und der Lieder.

Wie das so wechselt Jahr um Jahr,
Betracht ich fast mit Sorgen.
Was lebte, starb, was ist, es war,
Und heute wird zu morgen.

Stets muß die Bildnerin Natur
Den alten Ton benützen,
In Haus und Garten, Wald und Flur,
Zu ihren neuen Skizzen.

▶•◀

Zu zweit

Frau Urschel teilte Freud und Leid
Mit ihrer lieben Kuh,
Sie lebten in Herzeinigkeit
Ganz wie auf Du und Du.

Wie war der Winter doch so lang,
Wie knapp ward da das Heu,
Frau Urschel rief und seufzte bang:
O komm, du schöner Mai!

Komm schnell und lindre unsre Not,
Der du die Krippe füllst;
Wenn ich und meine Kuh erst tot,
Dann komme, wann du willst.

▶•◀

Verlust der Ähnlichkeit

Man sagt, ein Schnäpschen, insofern
Es kräftig ist, hat jeder gern.

Ganz anders denkt das Volk der Bienen,
Der Süffel ist verhaßt bei ihnen,
Sein Wohlgeruch tut ihnen weh.
Sie trinken nichts wie Blütentee,
Und wenn wer kommt, der Schnäpse trank,
Gleich ziehen sie den Stachel blank.

Letzthin hat einem Bienenstöckel
Der brave alter Schneider Böckel,
Der nicht mehr nüchtern in der Tat,
Aus Neubegierde sich genaht.

Sofort von einem regen Leben
Sieht Meister Böckel sich umgeben.
Es dringen giftgetränkte Pfeile
In seine nackten Körperteile,
Ja manche selbst durch die nur lose
Und leichtgewirkte Sommerhose,
Besonders, weil sie stramm gespannt.

Zum Glück ist Böckel kriegsgewandt.
Er zieht sich kämpfend wie ein Held
Zurück ins hohe Erbsenfeld.
Hier hat er Zeit, an vielen Stellen
Des Leibes merklich anzuschwellen,
Und als er wiederum erscheint,
Erkennt ihn kaum sein bester Freund.

Natürlich, denn bei solchem Streit
Verliert man seine Ähnlichkeit.

Teufelswurst

Das Pfäfflein saß beim Frühstückschmaus.
Er schaut und zieht die Stirne kraus.
Wer, fragt er, hat die Wurst gebracht?
Die Köchin sprach: Es war die Liese,
Die Alte von der Gänsewiese.
Drum, rief er, sah ich in letzter Nacht,
Wie durch die Luft in feurigem Bogen
Der Böse in ihren Schlot geflogen.
Verdammte Hex,
Ich riech, ich schmeck's,
Der Teufel hat die Wurst gemacht.
Spitz, da geh her! – Der Hund, nicht faul,
Verzehrt die Wurst und leckt das Maul.
Er nimmt das Gute, ohne zu fragen,
Ob's Beelzebub unter dem Schwanz getragen.

▸◂

Ein Maulwurf

Die laute Welt und ihr Ergötzen,
Als eine störende Erscheinung,
Vermag der Weise nicht zu schätzen.

Ein Maulwurf war der gleichen Meinung.
Er fand an Lärm kein Wohlgefallen,
Zog sich zurück in kühle Hallen
Und ging daselbst in seinem Fach
Stillfleißig den Geschäften nach.

Zwar sehen konnt er da kein bissel,
Indessen sein getreuer Rüssel,
Ein Nervensitz voll Zartgefühl,
Führt sicher zum erwünschten Ziel.

Der Wiedergänger

Es fand der geizige Bauer Kniep
Im Grabe keine Ruhe.
Die Sehnsucht nach dem Gelde trieb
Ihn wieder zu seiner Truhe.

Die Erben wollten diesen Gast
Im Haus durchaus nicht haben,
Weil ihnen der Verkehr verhaßt
Mit einem, der schon begraben.

Sie dachten, vor Drudenfuß und Kreuz
Ergebenst verschwinden sollt er.
Er aber vollführte seinerseits
Nur um so mehr Gepolter.

Zum Glück kam grade zugereist
Ein Meister, der vieles erkundet.
Der hat gar schlau den bösen Geist
In einem Faß verspundet.

Man fuhr es bequem, als wär es leer,
Bis an ein fließend Gewässer.
Da plötzlich machte sich Kniep so schwer
Wie zehn gefüllte Fässer.

Gottlieb, der Kutscher, wundert sich.
Nach rückwärts blickt er schnelle.
Wumm, knallt der Spund. Der Geist entwich
Und spukt an der alten Stelle.

Wie sonst besucht er jede Nacht
Die eisenbeschlagene Kiste
Und rumpelt, hustet, niest und lacht,
Als ob er von nichts was wüßte.

Kein Mittel erwies sich als probat.
Der Geist ward nur erboster.
Man trug, es blieb kein andrer Rat,
Den Kasten zum nächsten Kloster.

Der Pförtner sprach: Willkommen im Stift,
Und herzlich guten Morgen.
Was Geld und böse Geister betrifft,
Das wollen wir schon besorgen.

►◄

Auf Wiedersehn

Ich schnürte meinen Ranzen
Und kam zu einer Stadt,
Allwo es mir im ganzen
Recht gut gefallen hat.

Nur eines macht beklommen,
So freundlich sonst der Ort:
Wer heute angekommen,
Geht morgen wieder fort.

Bekränzt mit Trauerweiden,
Vorüber zieht der Fluß,
Den jeder beim Verscheiden
Zuletzt passieren muß.

Wohl dem, der ohne Grauen,
In Liebe treu bewährt,
Zu jenen dunklen Auen
Getrost hinüberfährt.

Zwei Blinde, müd vom Wandern,
Sah ich am Ufer stehn,
Der eine sprach zum andern:
Leb wohl, auf Wiedersehn.

Gut und Böse

Tugend will, man soll sie holen,
Ungern ist sie gegenwärtig;
Laster ist auch unbefohlen
Dienstbereit und fix und fertig.

Gute Tiere, spricht der Weise,
Mußt du züchten, mußt du kaufen,
Doch die Ratten und die Mäuse
Kommen ganz von selbst gelaufen.

▸◂

Der Spatz

Ich bin ein armer Schreiber nur,
Hab weder Haus noch Acker,
Doch freut mich jede Kreatur,
Sogar der Spatz, der Racker.

Er baut von Federn, Haar und Stroh
Sein Nest geschwind und flüchtig,
Er denkt, die Sache geht schon so,
Die Schönheit ist nicht wichtig.

Wenn man den Hühnern Futter streut,
Gleich mengt er sich dazwischen,
Um schlau und voller Rührigkeit
Sein Körnlein zu erwischen.

Maikäfer liebt er ungemein,
Er weiß sie zu behandeln;
Er hackt die Flügel, zwackt das Bein
Und knackt sie auf wie Mandeln.

Im Kirschenbaum frißt er verschmitzt
Das Fleisch der Beeren gerne;
Dann hat, wer diesen Baum besitzt,
Nachher die schönsten Kerne.

Es fällt ein Schuß. Der Spatz entfleucht
Und ordnet sein Gefieder.
Für heute bleibt er weg vielleicht,
Doch morgen kommt er wieder.

Und ist es Winterzeit und hat's
Geschneit auf alle Dächer,
Verhungern tut kein rechter Spatz,
Er kennt im Dach die Löcher.

Ich rief: Spatz komm, ich füttre dich!
Er faßt mich scharf ins Auge.
Er scheint zu glauben, daß auch ich
Im Grunde nicht viel tauge.

▸•◂

Oben und unten

Daß der Kopf die Welt beherrsche,
Wär zu wünschen und zu loben.
Längst vor Gründen wär die närr'sche
Gaukelei in nichts zerstoben.

Aber wurzelhaft natürlich
Herrscht der Magen nebst Genossen,
Und so treibt, was unwillkürlich,
Täglich tausend neue Sprossen.

▸•◂

Der Einsame

Wer einsam ist, der hat es gut,
Weil keiner da, der ihm was tut.

Ihn stört in seinem Lustrevier
Kein Tier, kein Mensch und kein Klavier,
Und niemand gibt ihm weise Lehren,
Die gut gemeint und bös zu hören.

Der Welt entronnen, geht er still
In Filzpantoffeln, wann er will.

Sogar im Schlafrock wandelt er
Bequem den ganzen Tag umher.

Er kennt kein weibliches Verbot,
Drum raucht und dampft er wie ein Schlot.

Geschützt vor fremden Späherblicken,
Kann er sich selbst die Hose flicken.

Liebt er Musik, so darf er flöten,
Um angenehm die Zeit zu töten,
Und laut und kräftig darf er prusten,
Und ohne Rücksicht darf er husten,
Und allgemach vergißt man seiner.
Nur allerhöchstens fragt mal einer:
Was, lebt er noch? Ei schwerenot,
Ich dachte längst, er wäre tot.

Kurz, abgesehn vom Steuerzahlen,
Läßt sich das Glück nicht schöner malen.

Worauf denn auch der Satz beruht:
Wer einsam ist, der hat es gut.

Spatz und Schwalben

Es grünte allenthalben.
Der Frühling wurde wach.
Bald flogen auch die Schwalben
Hell zwitschernd um das Dach.

Sie sangen unermüdlich
Und bauten außerdem
Im Giebel rund und niedlich
Ihr Nest aus feuchtem Lehm.

Und als sie eine Woche
Sich redlich abgequält,
Hat nur am Eingangsloche
Ein Stückchen noch gefehlt.

Da nahm der Spatz, der Schlingel,
Die Wohnung in Besitz.
Jetzt hängt ein Strohlgeklüngel
Hervor aus ihrem Schlitz.

Nicht schön ist dies Gebaren
Und wenig ehrenwert
Von einem, der seit Jahren
Mit Menschen viel verkehrt.

►◄

Der Geist

Es war ein Mägdlein froh und keck,
Stets lacht ihr Rosenmund,
Ihr schien die Liebe Lebenszweck
Und alles andre Schund.

Sie denkt an nichts als an Pläsier,
Seitdem die Mutter tot,
Sie lacht und liebt, obgleich es ihr
Der Vater oft verbot.

Einst hat sie frech und unbedacht
Den Schatz, der ihr gefällt,
Sich für die Zeit um Mitternacht
Zum Kirchhof hinbestellt.

Und als sie kam zum Stelldichein,
O hört, was sich begab,
Da stand ein Geist im Mondenschein
Auf ihrer Mutter Grab.

Er steht so starr, er steht so stumm,
Er blickt so kummervoll.
Das Mägdlein dreht sich schaudernd um
Und rennt nach Haus wie toll.

Es wird, wer einen Geist gesehn,
Nie mehr des Lebens froh,
Er fühlt, es ist um ihn geschehn.
Dem Mägdlein ging es so.

Sie welkt dahin, sie will und mag
Nicht mehr zu Spiel und Tanz.
Man flocht ihr um Johannistag
Bereits den Totenkranz.

Zu gut gelebt

Frau Grete hatt' ein braves Huhn,
Das wußte seine Pflicht zu tun.
Es kratzte hinten, pickte vorn,
Fand hier ein Würmchen, da ein Korn,
Erhaschte Käfer, schnappte Fliegen
Und eilte dann mit viel Vergnügen
Zum stillen Nest, um hier geduldig
Das zu entrichten, was es schuldig.
Fast täglich tönte sein Geschrei:
Viktoria, ein Ei, ein Ei!

Frau Grete denkt: Oh, welch ein Segen,
Doch könnt es wohl noch besser legen.
Drum reicht sie ihm, es zu verlocken,
Oft extra noch die schönsten Brocken.

Dem Hühnchen war das angenehm.
Es putzt sich, macht es sich bequem,
Wird wohlbeleibt, ist nicht mehr rührig,
Und sein Geschäft erscheint ihm schwierig.
Kaum daß ihm noch mit Drang und Zwang
Mal hie und da ein Ei gelang.

Dies hat Frau Gretchen schwer bedrückt,
Besonders, wenn sie weiterblickt;
Denn wo kein Ei, da ist's vorbei
Mit Rührei und mit Kandisei.

Ein fettes Huhn legt wenig Eier.
Ganz ähnlich geht's dem Dichter Meier,
Der auch nicht viel mehr dichten kann,
Seit er das große Los gewann.

▶•◀

Der Schadenfrohe

Ein Dornstrauch stand im Wiesental
An einer Stiege, welche schmal,
Und ging vorüber irgendwer,
Den griff er an und kratzte er.

Ein Lämmlein kam dahergehupft.
Das hat er ebenfalls gerupft.
Es sieht ihn traurig an und spricht:
Du brauchst doch meine Wolle nicht,
Und niemals tat ich dir ein Leid.
Weshalb zerrupfst du denn mein Kleid?
Es tut mir weh und ist auch schad.

Ei, rief der Freche, darum grad.

►•◄

Schreckhaft

Nachdem er am Sonntagmorgen
Vor seinem Spiegel gestanden,
Verschwanden die letzten Sorgen
Und Zweifel, die noch vorhanden.

Er wurde so verwegen,
Daß er nicht länger schwankte.
Er schrieb ihr. Sie dagegen
Erwidert: Nein, sie dankte.

Der Schreck, den er da hatte,
Hätt ihn fast umgeschmissen,
Als hätt ihn eine Ratte
Plötzlich ins Herz gebissen.

Fuchs und Gans

Es war die erste Maiennacht.
Kein Mensch im Dorf hat mehr gewacht.
Da hielten, wie es stets der Fall,
Die Tiere ihren Frühlingsball.

Die Gans, die gute Adelheid,
Fehlt nie bei solcher Festlichkeit,
Obgleich man sie nach altem Brauch
Zu necken pflegt. So heute auch.

Frau Schnabel, nannte sie der Kater,
Frau Plattfuß, rief der Ziegenvater;
Doch sie, zwar lächelnd, aber kühl,
Hüllt sich in sanftes Selbstgefühl.

So saß sie denn in ödem Schweigen
Allein für sich bei Spiel und Reigen,
Bei Freudenlärm und Jubeljux.

Sieh da, zum Schluß hat auch der Fuchs
Sich ungeladen eingedrängelt.
Schlau hat er sich herangeschlängelt.

Ihr Diener, säuselt er galant,
Wie geht's der Schönsten in Brabant?
Ich küss der gnädgen Frau den Fittich.
Ist noch ein Tänzchen frei, so bitt ich.

Sie nickt verschämt: O Herr Baron!
Indem so walzen sie auch schon.
Wie trippeln die Füße, wie wippeln die Schwänze
Im lustigen Kehraus, dem letzten der Tänze.

Da tönt es vier mit lautem Schlag.
Das Fest ist aus. Es naht der Tag. –

Bald drauf, im frühsten Morgenschimmer,
Ging Mutter Urschel aus, wie immer,
Mit Korb und Sichel, um verstohlen
Sich etwas fremden Klee zu holen.
An einer Hecke bleibt sie stehn:
Herrje, was ist denn hier geschehn?
Die Füchse, sag ich, soll man rädern.
Das sind wahrhaftig Gänsefedern.

Ein frisches Ei liegt dicht daneben.
Ich bin so frei, es aufzuheben.
Ach, armes Tier, sprach sie bewegt,
Dies Ei hast du vor Angst gelegt.

►◄

Bedächtig

Ich ging zur Bahn. Der Abendzug
Kam erst um halber zehn.
Wer zeitig geht, der handelt klug.
Er kann gemütlich gehn.

Der Frühling war so warm und mild,
Ich ging wie neubelebt,
Zumal ein wertes Frauenbild
Mir vor der Seele schwebt.

Daß ich sie heut noch sehen soll,
Daß sie gewiß noch wach,
Davon ist mir das Herz so voll,
Ich steh und denke nach.

Ein Häslein, das vorüberstiebt,
Ermahnt ich: Laß dir Zeit,
Ein guter Mensch, der glücklich liebt,
Tut keinem was zuleid.

Von ferne aus dem Wiesenteich
Erklang der Frösche Chor,
Und überm Walde stieg zugleich
Der goldne Mond empor.

Da bist du ja, ich grüße dich,
Du traulicher Kumpan.
Bedächtig wandelst du wie ich
Dahin auf deiner Bahn.

Dies lenkte meinen Denkersinn
auf den Geschäftsverlauf;
Ich überschlug mir den Gewinn.
Das hielt mich etwas auf.

Doch horch, da ist die Nachtigall,
Sie flötet wunderschön.
Ich flöte selbst mit sanftem Schall
Und bleib ein wenig stehn.

Und flötend kam ich zur Station,
Wie das bei mir Gebrauch.
O weh, was ist das für ein Ton?
Der Zug, der flötet auch.

Dort saust er hin. Ich stand versteint.
Dann sah ich nach der Uhr,
Wie jeder, der zu spät erscheint.
So will es die Natur.

►•◄

Hund und Katze

Miezel, eine schlaue Katze,
Molly, ein begabter Hund,
Wohnhaft an demselben Platze,
Haßten sich aus Herzensgrund.

Schon der Ausdruck ihrer Mienen,
Bei gesträubter Haarfrisur,
Zeigt es deutlich: Zwischen ihnen
Ist von Liebe keine Spur.

Doch wenn Miezel in dem Baume,
Wo sie meistens hin entwich,
Friedlich dasitzt wie im Traume,
Dann ist Molly außer sich.

Beide lebten in der Scheune,
Die gefüllt mit frischem Heu.
Alle beide hatten Kleine,
Molly zwei und Miezel drei.

Einst zur Jagd ging Miezel wieder
Auf das Feld. Da geht es bumm.
Der Herr Förster schoß sie nieder.
Ihre Lebenszeit ist um.

Oh, wie jämmerlich miauen
Die drei Kinderchen daheim.
Molly eilt, sie zu beschauen,
Und ihr Herz geht aus dem Leim.

Und sie trägt sie kurz entschlossen
Zu der eignen Lagerstatt,
Wo sie nunmehr fünf Genossen
An der Brust zu Gaste hat.

Mensch mit traurigem Gesichte,
Sprich nicht nur von Leid und Streit.
Selbst in Brehms Naturgeschichte
Findet sich Barmherzigkeit.

►•◄

Dunkle Zukunft

Fritz, der mal wieder schrecklich träge,
Vermutet, heute gibt es Schläge,
Und knöpft zur Abwehr der Attacke
Ein Buch sich unter seine Jacke,
Weil er sich in dem Glauben wiegt,
Daß er was auf den Buckel kriegt.

Die Schläge trafen richtig ein.
Der Lehrer meint es gut. Allein
Die Gabe wird für heut gespendet
Mehr unten, wo die Jacke endet,
Wo Fritz nur äußerst leicht bekleidet
Und darum ganz besonders leidet.

Ach, daß der Mensch so häufig irrt
Und nie recht weiß, was kommen wird!

►•◄

Abschied

Ach, wie eilte so geschwinde
Dieser Sommer durch die Welt.
Herbstlich rauscht es in der Linde,
Ihre Blätter mit dem Winde
Wehen übers Stoppelfeld.

Hörst du in den Lüften klingend
Sehnlich klagend das Kuru?
Wandervögel, flügelschwingend,
Lebewohl der Heimat singend,
Ziehn dem fremden Lande zu.

Morgen muß ich in die Ferne.
Liebes Mädchen, bleib mir gut.
Morgen lebt in der Kaserne,
Daß er exerzieren lerne,
Dein dich liebender Rekrut.

►◄

Hinten herum

Ein Mensch, der etwas auf sich hält,
Bewegt sich gern in feiner Welt,
Denn erst in weltgewandten Kreisen
Lernt man die rechten Redeweisen,
Verbindlich, aber zugespitzt,
Und treffend, wo die Schwäre sitzt.

Es ist so wie mit Rektor Knaut,
Der immer lächelt, wenn er haut.
Auch ist bei Knaben weit berüchtigt
Das Instrument, womit er züchtigt.

Zu diesem Zweck bedient er nämlich,
Als für den Sünder gut bekömmlich,
Sich einer schlanken Haselgerte,
Zwar biegsam, doch nicht ohne Härte,
Die sich, von rascher Hand bewegt,
Geschmeidig um die Hüfte legt.

Nur wer es fühlte, der begreift es:
Vorn schlägt er zu und hinten kneift es.

▶◀

Lebensfahrt

Lange warst du im Gedrängel
Aller Dinge tief versteckt,
Bis als einen kleinen Bengel
Unser Auge dich entdeckt.

Schreiend hast du Platz genommen,
Zum Genuß sofort bereit,
Und wir hießen dich willkommen,
Pflegten dich mit Zärtlichkeit.

Aber eh du recht empfunden,
Was daheim für Freuden blühn,
Hast dein Bündel du gebunden,
Um in fremdes Land zu ziehn.

Leichte lustige Gesellen
Finden sich an jedem Ort.
Weiber schelten, Hunde bellen,
Lachend zogst du weiter fort.

Sahst die Welt an beiden Enden,
Hast genippt und hast genascht.

Endlich fest mit Klammerhänden
Hat die Liebe dich erhascht.

Und du zogst den Kinderwagen,
Und du trugst, was dir bestimmt,
Seelenlast und Leibesplagen,
Bis der Rücken sich gekrümmt.

Nur Geduld. Es steht ein Flieder
An der Kirche grau und alt.
Dort für deine müden Glieder
Ist ein kühler Aufenthalt.

▶◀

Die Kleinsten

Sag Atome, sage Stäubchen.
Sind sie auch unendlich klein,
Haben sie doch ihre Leibchen
Und die Neigung da zu sein.

Haben sie auch keine Köpfchen,
Sind sie doch voll Eigensinn.
Trotzig spricht das Zwerggeschöpfchen:
Ich will sein, so wie ich bin.

Suche nur sie zu bezwingen,
Stark und findig wie du bist.
Solch ein Ding hat seine Schwingen,
Seine Kraft und seine List.

Kannst du auch aus ihnen schmieden
Deine Rüstung als Despot,
Schließlich wirst du doch ermüden,
Und dann heißt es: Er ist tot.

Gestört

Um acht, als seine werte Sippe
Noch in den Federn schlummernd lag,
Begrüßt er von der Felsenklippe
Bereits den neuen Frühlingstag.

Und wie die angenehme Sonne
Liebreich zu ihm herniederschaut,
Da ist in süßer Rieselwonne
Sein ganzes Wesen aufgetaut.

Es schmilzt die schwere Außenhülle.
Ihm wird so wohl, ihm wird so leicht.
Er schwebt im Geist als freier Wille
Hinaus, so weit das Auge reicht.

Fort über Tal, zu fernen Hügeln,
Den Strom entlang, bis an das Meer,
Windeilig, wie auf Möwenflügeln,
Zieht er in hoher Luft einher.

Hier traf er eine Wetterwolke.
Die wählt er sich zum Herrschersitz.
Erhaben über allem Volke
Thront er in Regen, Sturm und Blitz.

O weh, der Zauber ist zu Ende.
Durchweicht vom Hut bis in die Schuh,
Der Buckel steif und lahm die Lende,
So schleicht er still der Heimat zu.

Zum Trost für seine kalten Glieder
Empfängt ihn gleich ein warmer Gruß.
Na, hieß es, jetzt bekommst du wieder
Dein Reißen in den Hinterfuß.

Röschen

Als Kind von angenehmen Zügen
War Röschen ein gar lustig Ding.
Gern zupfte sie das Bein der Fliegen,
Die sie geschickt mit Spucke fing.

Sie wuchs, und größere Objekte
Lockt sie von nun an in ihr Garn,
Nicht nur die jungen, nein, sie neckte
Und rupft auch manchen alten Narrn.

Inzwischen tat in stillem Walten
Die Zeit getreulich ihre Pflicht.
Durch wundersame Bügelfalten
Verziert sie Röschens Angesicht.

Und locker wurden Röschens Zähne.
Kein Freier stellte sich mehr ein.
Und schließlich kriegt sie gar Migräne,
Und die pflegt dauerhaft zu sein.

Dies führte sie zum Aberglauben,
Obwohl sie sonst nicht gläubig schien.
Sie meinte fest, daß Turteltauben
Den Schmerz der Menschen an sich ziehn.

Zwei Stück davon hat sie im Bauer,
Ein Pärchen, welches zärtlich girrt;
Jetzt liegt sie täglich auf der Lauer,
Ob ihnen noch nicht übel wird.

►◄

Tröstlich

Nachbar Nickel ist verdrießlich,
Und er darf sich wohl beklagen,
Weil ihm seine Pläne schließlich
Alle gänzlich fehlgeschlagen.

Unsre Ziege starb heut morgen.
Geh und sag's ihm, lieber Knabe!
Daß er nach so vielen Sorgen
Auch mal eine Freude habe.

►◄

Duldsam

Des Morgens früh, sobald ich mir
Mein Pfeifchen angezündet,
Geh ich hinaus zur Hintertür,
Die in den Garten mündet.

Besonders gern betracht ich dann
Die Rosen, die so niedlich;
Die Blattlaus sitzt und saugt daran
So grün, so still, so friedlich.

Und doch wird sie, so still sie ist,
Der Grausamkeit zur Beute;
Der Schwebefliegen Larve frißt
Sie auf bis auf die Häute.

Schluppwespchen flink und klimperklein,
So sehr die Laus sich sträube,
Sie legen doch ihr Ei hinein
Noch bei lebendgem Leibe.

Sie aber sorgt nicht nur mit Fleiß
Durch Eier für Vermehrung,
Sie kriegt auch Junge hundertweis
Als weitere Bescherung.

Sie nährt sich an dem jungen Schaft
Der Rosen, eh sie welken;
Ameisen kommen, ihr den Saft
Sanft streichelnd abzumelken.

So seh ich in Betriebsamkeit
Das hübsche Ungeziefer
Und rauche während dieser Zeit
Mein Pfeifchen tief und tiefer.

Daß keine Rose ohne Dorn,
Bringt mich nicht aus dem Häuschen.
Auch sag ich ohne jeden Zorn:
Kein Röslein ohne Läuschen!

►◄

Der Knoten

Als ich in Jugendtagen
Noch ohne Grübelei,
Da meint ich mit Behagen,
Mein Denken wäre frei.

Seitdem hab ich die Stirne
Oft auf die Hand gestützt
Und fand, daß im Gehirne
Ein harter Knoten sitzt.

Mein Stolz der wurde kleiner.
Ich merkte mit Verdruß:
Es kann doch unsereiner
Nur denken, wie er muß.

►•◄

Der Narr

Er war nicht unbegabt. Die Geisteskräfte
Genügten für die laufenden Geschäfte.
Nur hat er die Marotte,
Er sei der Papst. Dies sagt er oft und gern
Für jedermann zum Ärgernis und Spotte,
Bis sie zuletzt ins Narrenhaus ihn sperrn.

Ein guter Freund, der ihn daselbst besuchte,
Fand ihn höchst aufgeregt. Er fluchte:
Zum Kuckuck, das ist doch zu dumm.
Ich soll ein Narr sein und weiß nicht warum.

Ja, sprach der Freund, so sind die Leute.
Man hat an einem Papst genug.
Du bist der zweite.
Das eben kann man nicht vertragen.
Hör zu, ich will dir mal was sagen:
Wer schweigt, ist klug.

Der Narr verstummt, als ob er überlege.
Der gute Freund ging leise seiner Wege.

Und schau, nach vierzehn Tagen grade
Da traf er ihn schon auf der Promenade.

Ei, rief der Freund, wo kommst du her?
Bist du denn jetzt der Papst nicht mehr?

403

Freund, sprach der Narr und lächelt schlau,
Du scheinst zur Neugier sehr geneigt.
Das, was wir sind, weiß ich genau.
Wir alle haben unsern Sparren,
Doch sagen tun es nur die Narren.
Der Weise schweigt.

►•◄

Daneben

Stoffel hackte mit dem Beile.
Dabei tat er sich sehr wehe,
Denn er traf in aller Eile
Ganz genau die große Zehe.

Ohne jedes Schmerzgewimmer,
Nur mit Ruh, mit einer festen,
Sprach er: Ja, ich sag es immer,
Nebenzu trifft man am besten.

►•◄

Der Begleiter

Hans, der soeben in der Stadt
Sein fettes Schwein verwertet hat,
Ging spät nach Haus bei Mondenschein.
Ein Fremder folgt und holt ihn ein.

Grüß Gott, rief Hans, das trifft sich gut,
Zu zweit verdoppelt sich der Mut.

Der Fremde denkt: Ha zapperlot,
Der Kerl hat Geld, ich schlag ihn tot,
Nur nicht von vorn, daß er es sieht,
Dagegen sträubt sich mein Gemüt.

Und weiter gehn sie allgemach,
Der Hans zuvor, der Fremde nach.

Jetzt, denkt sich dieser, mach ich's ab.
Er hob bereits den Knotenstab.

Was gilt die Butter denn bei euch?
Fragt Hans und dreht sich um zugleich.

Der Fremde schweigt, der Fremde stutzt,
Der Knittel senkt sich unbenutzt.

Und weiter gehn sie allgemach,
Der eine vor, der andre nach.

Hier, wo die dunklen Tannen stehn,
Hier, denkt der Fremde, soll's geschehn.

Spielt man auch Skat bei euch zuland?
Fragt Hans und hat sich umgewandt.

Der Fremde nickt und steht verdutzt,
Der Knittel senkt sich unbenutzt.

Und weiter gehn sie allgemach,
Der eine vor, der andre nach.

Hier, denkt der Fremde, wo das Moor,
Hier hau ich fest ihm hinters Ohr.

Und wieder dreht der Hans sich um.
Prost, rief er fröhlich, mögt ihr Rum?
Und zog ein Fläschlein aus dem Rock.

Der Fremde senkt den Knotenstock,
Tät einen Zug, der war nicht schwach,
Und weiter gehn sie allgemach.

Schon sind sie aus dem Wald heraus,
Und schau, da steht das erste Haus.
Es kräht der Hahn, es bellt der Spitz.

Dies, rief der Hans, ist mein Besitz.
Tritt ein, du ehrlicher Gesell,
Und nimm den Dank für dein Geleit.

Doch der Gesell entfernt sich schnell,
Vermutlich aus Bescheidenheit.

►◄

Erneuerung

Die Mutter plagte ein Gedanke.
Sie kramt im alten Kleiderschranke,
Wo Kurz und Lang, obschon gedrängt,
Doch friedlich, beieinander hängt.

Auf einmal ruft sie: Ei sieh da,
Der Schwalbenschwanz, da ist er ja!

Den blauen, längst nicht mehr benützten,
Den hinten zwiefach zugespitzten,
Mit blanken Knöpfen schön geschmückt,
Der einst so manches Herz berückt,

Ihn trägt sie klug und überlegt
Dahin, wo sie zu schneidern pflegt,
Und trennt und wendet, näht und mißt,
Bis daß das Werk vollendet ist.

Auf die Art aus des Vaters Fracke
Kriegt Fritzchen eine neue Jacke.

Grad so behilft sich der Poet.
Du liebe Zeit, was soll er machen?
Gebraucht sind die Gedankensachen
Schon alle, seit die Welt besteht.

►◄

Die Birke

Es wächst wohl auf der Heide
Und in des Waldes Raum
Ein Baum zu Nutz und Freude,
Genannt der Birkenbaum.

Die Schuh, daraus geschnitzet,
Sind freundlich von Gestalt.
Wohl dem, der sie besitzet,
Ihm wird der Fuß nicht kalt.

Es ist die weiße Rinde
Zu Tabaksdosen gut,
Als teures Angebinde
Für den, der schnupfen tut.

Man zapfet aus der Birke
Sehr angenehmen Wein,
Man reibt sich, daß es wirke,
Die Glatze damit ein.

Dem Birkenreiserbesen
Gebühret Preis und Ehr;
Das stärkste Kehrichtwesen
Das treibt er vor sich her.

Von Birken eine Rute,
Gebraucht am rechten Ort,
Befördert oft das Gute
Mehr als das beste Wort.

Und kommt das Fest der Pfingsten,
Dann schmückt mir fein das Haus,
Ihr, meine lieben Jüngsten,
Mit Birkenzweigen aus.

Der Asket

Im Hochgebirg vor seiner Höhle
Saß der Asket;
Nur noch ein Rest von Leib und Seele
Infolge äußerster Diät.

Demütig ihm zu Füßen kniet
Ein Jüngling, der sich längst bemüht,
Des strengen Büßers strenge Lehren
Nachdenklich prüfend anzuhören.

Grad schließt der Klausner den Sermon
Und spricht: »Bekehre dich, mein Sohn.
Verlaß das böse Weltgetriebe.
Vor allem unterlaß die Liebe,
Denn grade sie erweckt aufs neue
Das Leben und mit ihm die Reue.
Da schau mich an. Ich bin so leicht,
Fast hab ich schon das Nichts erreicht,
Und bald verschwind ich in das reine
Zeit-, raum- und traumlos Allundeine.«

Als so der Meister in Ekstase,
Sticht ihn ein Bienchen in die Nase.

Oh, welch ein Schrei!
Und dann das Mienenspiel dabei.

Der Jüngling stutzt und ruft: »Was seh' ich?
Wer solchermaßen leidensfähig,
Wer so gefühlvoll und empfindlich,
Der, fürcht' ich, lebt noch viel zu gründlich
Und stirbt noch nicht zum letztenmal.«

Mit diesem kühlen Wort empfahl
Der Jüngling sich und stieg hernieder
Ins tiefe Tal und kam nicht wieder.

Die Unbeliebte

»Habt ihr denn wirklich keinen Schimmer
Von Angst, daß ihr noch ruhig schlaft?
Wird denn in dieser Welt nicht immer
Das Leben mit dem Tod bestraft?

Ihr lebt vergnügt trotz dem Verhängnis,
Das näher stets und näher zieht.
So stiehlt der Dieb, dem das Gefängnis
Und später gar der Galgen blüht.«

»Hör auf«, entgegnet frech die Jugend,
»Du altes Jammerinstrument.
Man merkt es gleich: du bist die Tugend,
Die keinem sein Vergnügen gönnt.«

►◄

Plaudertasche

Du liebes Plappermäulchen,
Bedenk dich erst ein Weilchen
Und sprich nicht so geschwind.
Du bist wie unsre Mühle
Mit ihrem Flügelspiele
Im frischen Sausewind.

So lang der Müller tätig
Und schüttet auf was nötig,
Geht alles richtig zu;
Doch ist kein Korn darinnen,
Dann kommt das Werk von Sinnen
Und klappert so wie du.

►◄

Im Herbst

Der schöne Sommer ging von hinnen,
Der Herbst, der reiche, zog ins Land.
Nun weben all die guten Spinnen
So manches feine Festgewand.

Sie weben zu des Tages Feier
Mit kunstgeübtem Hinterbein
Ganz allerliebste Elfenschleier
Als Schmuck für Wiese, Flur und Hain.

Ja, tausend Silberfäden geben
Dem Winde sie zum leichten Spiel,
Die ziehen sanft dahin und schweben
Ans unbewußt bestimmte Ziel.

▸•◂

Der Philosoph

Ein Philosoph von ernster Art
Der sprach und strich sich seinen Bart:

»Ich lache nie. Ich lieb' es nicht,
Mein ehrenwertes Angesicht
Durch Zähnefletschen zu entstellen
Und närrisch wie ein Hund zu bellen;
Ich lieb' es nicht, durch ein Gemecker
Zu zeigen, daß ich Witzentdecker;
Ich brauche nicht durch Wertvergleichen
Mit andern mich herauszustreichen,
Um zu ermessen, was ich bin,
Denn dieses weiß ich ohnehin.

Das Lachen will ich überlassen
Den minder hochbegabten Klassen.

Ist einer ohne Selbstvertraun
In Gegenwart von schönen Fraun,
So daß sie ihn als faden Gecken
Abfahren lassen oder necken,
Und fühlt er drob geheimen Groll
Und weiß nicht, was er sagen soll,
Dann schwebt mit Recht auf seinen Zügen
Ein unaussprechliches Vergnügen.

Und hat er Kursverlust erlitten,
Ist er moralisch ausgeglitten,
So gibt es Leute, die doch immer
Noch dümmer sind als er und schlimmer,
Und hat er etwa krumme Beine,
So gibt's noch krümmere als seine.
Er tröstet sich und lacht darüber
Und denkt: Da bin ich mir doch lieber.

Den Teufel lass' ich aus dem Spiele.
Auch sonst noch lachen ihrer viele,
Besonders jene ewig Heitern,
Die unbewußt den Mund erweitern,
Die, sozusagen, auserkoren
Zum Lachen bis an beide Ohren.

Sie freuen sich mit Weib und Kind

Schon bloß, weil sie vorhanden sind.
Ich dahingegen, der ich sitze
Auf der Betrachtung höchster Spitze,
Weit über allem Was und Wie,
Ich bin für mich und lache nie.«

Befriedigt

Gehorchen wird jeder mit Genuß
Den Frauen, den hochgeschätzten,
Hingegen machen uns meist Verdruß
Die sonstigen Vorgesetzten.

Nur wenn ein kleines Mißgeschick
Betrifft den Treiber und Leiter,
Dann fühlt man für den Augenblick
Sich sehr befriedigt und heiter.

Als neulich am Sonntag der Herr Pastor
Eine peinliche Pause machte,
Weil er den Faden der Rede verlor,
Da duckt' sich der Küster und lachte.

►◄

Höchste Instanz

Was er liebt, ist keinem fraglich;
Triumphierend und behaglich
Nimmt es seine Seele ein
Und befiehlt: So soll es sein.

Suche nie, wo dies geschehen,
Widersprechend vorzugehen,
Sintemalen im Gemüt
Schon die höchste Macht entschied.

Ungestört in ihren Lauben
Laß die Liebe, laß den Glauben,
Der, wenn man es recht ermißt,
Auch nur lauter Liebe ist.

Es spukt

Abends, wenn die Heimchen singen,
Wenn die Lampe düster schwelt,
Hör ich gern von Spukedingen,
Was die Tante mir erzählt.

Wie es klopfte in den Wänden,
Wie der alte Schrank geknackt,
Wie es einst mit kalten Händen
Mutter Urschel angepackt,

Wie man oft ein leises Jammern
Grad um Mitternacht gehört
Oben in den Bodenkammern,
Scheint mir höchst bemerkenswert.

Doch erzählt sie gar das Märchen
Vor dem Geiste ohne Kopf,
Dann erhebt sich jedes Härchen
Schaudervoll in meinem Schopf.

Und ich kann es nicht verneinen,
Daß es böse Geister gibt,
Denn ich habe selber einen,
Der schon manchen Streich verübt.

►◄

Der Ruhm

Der Ruhm, wie alle Schwindelware,
Hält selten über tausend Jahre.
Zumeist vergeht schon etwas eh'r
Die Haltbarkeit und die Kulör.

Ein Schmetterling voll Eleganz,
Genannt der Ritter Schwalbenschwanz,
Ein Exemplar von erster Güte,
Begrüßte jede Doldenblüte
Und holte hier und holte da
Sich Nektar und Ambrosia.

Mitunter macht er sich auch breit
In seiner ganzen Herrlichkeit
Und zeigt den Leuten seine Orden
Und ist mit Recht berühmt geworden.

Die jungen Mädchen fanden dies
Entzückend, goldig, reizend, süß.

Vergeblich schwenkten ihre Mützen
Die Knaben, um ihn zu besitzen.

Sogar der Spatz hat zugeschnappt
Und hätt' ihn um ein Haar gehabt.

Jetzt aber naht sich ein Student,
Der seine Winkelzüge kennt.

In einem Netz mit engen Maschen
Tät er den Flüchtigen erhaschen,
Und da derselbe ohne Tadel,
Spießt er ihn auf die heiße Nadel.

So kam er unter Glas und Rahmen
Mit Datum, Jahreszahl und Namen
Und bleibt berühmt und unvergessen,
Bis ihn zuletzt die Motten fressen.

Man möchte weinen, wenn man sieht,
Daß dies das Ende von dem Lied.

Beiderseits

Frau Welt, was ist das nur mit euch?
Herr Walter sprach's, der alte.
Ihr werdet grau und faltenreich
Und traurig von Gestalte.

Frau Welt darauf erwidert schnipp'sch:
Mein Herr, seid lieber stille!
Ihr scheint mir auch nicht mehr so hübsch
Mit Eurer schwarzen Brille.

►◄

Lache nicht

Lache nicht, wenn mit den Jahren
Lieb und Freundlichkeit vergehen,
Was Paulinchen ist geschehen,
Kann auch dir mal widerfahren.

Sieh nur, wie verändert hat sich
Unser guter Küchenbesen.
Er, der sonst so weich gewesen,
Ist jetzunder stumpf und kratzig.

►◄

Die Welt

Es geht ja leider nur soso
Hier auf der Welt, sprach Salomo.
Dies war verzeihlich. Das Geschnatter
Von tausend Frauen, denn die hatt' er,
Macht auch den Besten ungerecht.
Uns aber geht es nicht so schlecht.

Wer, wie es Brauch in unsern Tagen,
Nur eine hat, der soll nicht sagen
Und klagen, was doch mancher tut:
Ich bin für diese Welt zu gut.

Selbst, wem es fehlt an dieser einen,
Der braucht darob nicht gleich zu weinen
Und sich kopfunter zu ertränken.
Er hat, das mag er wohl bedenken,
Am Weltgebäude mitgezimmert
Und allerlei daran verschlimmert.
Und wenn er so in sich gegangen,
Gewissenhaft und unbefangen,
Dann kusch er sich und denke froh:
Gottlob, ich bin kein Salomo;
Die Welt, obgleich sie wunderlich,
Ist mehr als gut genug für mich.

▶◀

Überliefert

Zu Olims Zeit, auf der Oase,
Am Quell, wo schlanke Palmen stehen,
Saß einst das Väterchen im Grase
Und hatte allerlei Ideen.

Gern sprach davon der Hochverehrte
Zu seinen Söhnen, seinen Töchtern,
Und das Gelehrte, oft Gehörte
Ging von Geschlechte zu Geschlechtern.

Auch wir in mancher Abendstunde,
Wenn treue Liebe uns bewachte,
Vernahmen froh die gute Kunde
Von dem, was Väterchen erdachte.

Und sicher klingt das früh Gewußte
So lang in wohlgeneigte Ohren,
Bis auf der kalten Erdenkruste
Das letzte Menschenherz erfroren.

►◄

Die Mücken

Dich freut die warme Sonne.
Du lebst im Monat Mai.
In deiner Regentonne
Da rührt sich allerlei.

Viel kleine Tierlein steigen
Bald auf-, bald niederwärts,
Und, was besonders eigen,
Sie atmen mit dem Sterz.

Noch sind sie ohne Tücken,
Rein kindlich ist ihr Sinn.
Bald aber sind sie Mücken
Und fliegen frei dahin.

Sie fliegen auf und nieder
Im Abendsonnenglanz
Und singen feine Lieder
Bei ihrem Hochzeitstanz.

Du gehst zu Bett um zehne,
Du hast zu schlafen vor,
Dann hörst du jene Töne
Ganz dicht an deinem Ohr.

Drückst du auch in die Kissen
Dein wertes Angesicht,
Dich wird zu finden wissen
Der Rüssel, welcher sticht.

Merkst du, daß er dich impfe,
So reib' mit Salmiak
Und dreh' dich um und schimpfe
Auf dieses Mückenpack.

►•◄

Nicht artig

Man ist ja von Natur kein Engel,
Vielmehr ein Welt- und Menschenkind,
Und rings umher ist ein Gedrängel
Von solchen, die dasselbe sind.

In diesem Reich geborner Flegel,
Wer könnte sich des Lebens freun,
Würd es versäumt, schon früh die Regel
Der Rücksicht kräftig einzubleun.

Es saust der Stock, es schwirrt die Rute.
Du darfst nicht zeigen, was du bist.
Wie schad, o Mensch, daß dir das Gute
Im Grunde so zuwider ist.

►•◄

Unverbesserlich

Wer Bildung hat, der ist empört,
Wenn er so schrecklich fluchen hört.

Dies »Nasowolltich«, dies »Parblö«,
Dies ewige »Ojemine«,
Dies »Eipotztausendnocheinmal«,
Ist das nicht eine Ohrenqual?
Und gar »Daßdichdasmäusleinbeiß«,
Da wird mir's immer kalt und heiß.

Wie oft wohl sag ich: Es ist häßlich,
Ist unanständig, roh und gräßlich.
Ich bitt' und flehe: Laßt es sein,
Denn es ist sündlich. Aber nein,
Vergebens ring' ich meine Hände,
Die Flucherei nimmt doch kein Ende.

▶◀

Der Schatz

Der Stoffel wankte frohbewegt
Spät in der Nacht nach Haus.
Da ging, wie das zu kommen pflegt,
Ihm seine Pfeife aus.

Wer raucht, der raucht nicht gerne kalt.
Wie freut sich Stoffel da,
Als er ganz dicht vor sich im Wald
Ein Kohlenfeuer sah.

Die Kohlen glühn in einem Topf.
Der frohe Stoffel drückt
Gleich eine in den Pfeifenkopf
Und zieht als wie verrückt.

Wohl sieht er, wie die Kohle glüht,
Nur daß sie gar nicht brennt.
Da überläuft es sein Gemüt,
Er flucht: »Potzzapperment!«

Das Wort war hier nicht recht am Platz.
Es folgt ein Donnerschlag.
Versunken ist der Zauberschatz
Bis an den jüngsten Tag.

Die Pfeife fällt vor Schreck und Graus
Auf einen harten Stein.
Ein Golddukaten rollt heraus,
Blitzblank im Mondenschein.

Von nun an, denkt der Stoffel schlau,
Schweig' ich am rechten Ort.
Er kehrte heim zu seiner Frau
Und sprach kein einzig Wort.

►◄

Der Kobold

In einem Häuschen, sozusagen
(Den ersten Stock bewohnt der Magen),
In einem Häuschen war's nicht richtig.
Darinnen spukt' und tobte tüchtig
Ein Kobold, wie ein wildes Bübchen,
Vom Keller bis zum Oberstübchen.
Fürwahr, es war ein bös Getös.
Der Hausherr wird zuletzt nervös,
Und als ein desperater Mann
Steckt er kurzweg sein Häuschen an
Und baut ein Haus sich anderswo
Und meint, da ging es ihm nicht so.

Allein, da sieht er sich betrogen.
Der Kobold ist mit umgezogen
Und macht Spektakel und Rumor
Viel ärger noch als wie zuvor.
»Ha«, rief der Mann, »wer bist du, sprich.«
Der Kobold lacht: »Ich bin dein Ich.«

▶◀

Drum

Wie dunkel ist der Lebenspfad,
Den wir zu wandeln pflegen.
Wie gut ist da ein Apparat
Zum Denken und Erwägen.

Der Menschenkopf ist voller List
Und voll der schönsten Kniffe;
Er weiß, wo was zu kriegen ist,
Und lehrt die rechten Griffe.

Und weil er sich so nützlich macht,
Behält ihn jeder gerne.
Wer stehlen will, und zwar bei Nacht,
Braucht eine Diebslaterne.

▶◀

Verstand und Leidenschaft

Es ist ein recht beliebter Bau.
Wer wollte ihn nicht loben?
Drin wohnt ein Mann mit seiner Frau,
Sie unten und er oben.

Er, als ein schlaugewiegter Mann,
Hält viel auf weise Lehren,

Sie, ungestüm und drauf und dran,
Tut das, was ihr Begehren.

Sie läßt ihn reden und begeht,
Blind, wie sie ist, viel Wüstes,
Und bringt sie das in Schwulität,
»Na«, sagt er kühl, »da siehst es.«

Vereinen sich jedoch die zwei
Zu traulichem Verbande,
Dann kommt die schönste Lumperei
Hübsch regelrecht zustande.

So geht's in diesem Hause her.
Man möchte fast erschrecken.
Auch ist's beweglich, aber mehr
Noch als das Haus der Schnecken.

►◄

Der gütige Wandrer

Fing man vorzeiten einen Dieb,
Hing man ihn auf mit Schnellbetrieb,
Und meinte man, er sei verschieden,
Ging man nach Haus und war zufrieden.

Ein Wandrer von der weichen Sorte
Kam einst zu solchem Galgenorte
Und sah, daß oben einer hängt,
Dem kürzlich man den Hals verlängt.

Sogleich, als er ihn baumeln sieht,
Zerfließt in Tränen sein Gemüt.
Ich will den armen Schelm begraben,
Denkt er, sonst fressen ihn die Raben.

Nicht ohne Müh, doch mit Geschick,
Klimmt er hinauf und löst den Strick;
Und jener, der im Wind geschwebt,
Liegt unten, scheinbar unbelebt.

Sieh da, nach Änderung der Lage
Tritt neu die Lebenskraft zutage,
So daß der gute Delinquent
Die Welt ganz deutlich wiederkennt.

Zärtlich, als wär's der eigne Vetter,
Umarmt er seinen Lebensretter,
Nicht einmal, sondern noch einmal,
Vor Freude nach so großer Qual.

»Mein lieber Mitmensch«, sprach der Wandrer,
»Geh in dich, sei hinfür ein andrer.
Zum Anfang für dein neues Leben
Werd' ich dir jetzt zwei Gulden geben.«

Das Geben tat ihm immer wohl.
Rasch griff er in sein Kamisol,
Wo er zur langen Pilgerfahrt
Den vollen Säckel aufbewahrt.
Er sucht' und sucht' und fand ihn nicht,
Und länger wurde sein Gesicht.
Er sucht' und suchte, wie ein Narr,
Weit wird der Mund, das Auge starr,
Bald ist ihm heiß, bald ist ihm kalt.

Der Dieb verschwand im Tannenwald.

►•◄

Die Freunde

Zwei Knaben, Fritz und Ferdinand,
Die gingen immer Hand in Hand,
Und selbst in einer Herzensfrage
Trat ihre Einigkeit zutage.

Sie liebten beide Nachbars Käthchen,
Ein blondgelocktes kleines Mädchen.

Einst sagte die verschmitzte Dirne:
»Wer holt mir eine Sommerbirne,
Recht saftig, aber nicht zu klein?
Hernach soll er der Beste sein.«

Der Fritz nahm seinen Freund beiseit
Und sprach: »Das machen wir zu zweit;
Da drüben wohnt der alte Schramm,
Der hat den schönsten Birnenstamm;
Du steigst hinauf und schüttelst sacht,
Ich lese auf und gebe acht.«

Gesagt, getan. Sie sind am Ziel.
Schon als die erste Birne fiel,
Macht' Fritz damit sich aus dem Staube,
Denn eben schlich aus dunkler Laube,
In fester Faust ein spanisch Rohr,
Der aufmerksame Schramm hervor.

Auch Ferdinand sah ihn beizeiten
Und tät am Stamm heruntergleiten
In Ängstlichkeit und großer Hast,
Doch eh' er unten Fuß gefaßt,
Begrüßt ihn Schramm bereits mit Streichen,
Als wollt' er einen Stein erweichen.

Der Ferdinand, voll Schmerz und Hitze,
Entfloh und suchte seinen Fritze.

Wie angewurzelt blieb er stehn.
Ach hätt' er es doch nie gesehn:

Die Käthe hat den Fritz geküßt,
Worauf sie eine Birne ißt.

Seit dies geschah, ist Ferdinand
Mit Fritz nicht mehr so gut bekannt.

►◄

Reue

Die Tugend will nicht immer passen,
Im ganzen läßt sie etwas kalt,
Und daß man eine unterlassen,
Vergißt man bald.

Doch schmerzlich denkt manch alter Knaster,
Der von vergangnen Zeiten träumt,
An die Gelegenheit zum Laster,
Die er versäumt.

►◄

Der innere Architekt

Wem's in der Unterwelt zu still,
Wer oberhalb erscheinen will,
Der baut sich, je nach seiner Weise,
Ein sichtbarliches Wohngehäuse.

Er ist ein blinder Architekt,
Der selbst nicht weiß, was er bezweckt.
Dennoch verfertigt er genau
Sich kunstvoll seinen Leibesbau,
Und sollte mal was dran passieren,
Kann er's verputzen und verschmieren,
Und ist er etwa gar ein solch
Geschicktes Tierlein wie der Molch,
Dann ist ihm alles einerlei,
Und wär's ein Bein, er macht es neu.

Nur schad, daß, was so froh begründet,
So traurig mit der Zeit verschwindet,
Wie schließlich jeder Bau hienieden,
Sogar die stolzen Pyramiden!

►◄

Ungenügend

Sei es freundlich, sei es böse,
Meist genügend klar und scharf
Klingt des Mundes Wortgetöse
Für den täglichen Bedarf.

Doch die Höchstgefühle heischen
Ihren ganz besondern Klang;
Dann sagt grunzen oder kreischen
Mehr als Rede und Gesang.

Die Teilung

Es hat einmal, so wird gesagt,
Der Löwe mit dem Wolf gejagt.
Da haben sie vereint erlegt
Ein Wildschwein stark und gut gepflegt.

Doch als er ans Verteilen ging,
Dünkt das dem Wolf ein mißlich Ding.

Der Löwe sprach: »Was grübelst du?
Glaubst du, es geht nicht redlich zu?
Dort kommt der Fuchs, er mag entscheiden,
Was jedem zukommt von uns beiden.«

»Gut«, sagt der Wolf, dem solch ein Freund
Als Richter gar nicht übel scheint.

Der Löwe winkt dem Fuchs sogleich:
»Herr Doktor, das ist was für Euch.
Hier dieses jüngst erlegte Schwein,
Bedenkt es wohl, ist mein und sein.
Ich faßt' es vorn, er griff es hinten;
Jetzt teilt es uns, doch ohne Finten.«

Der Fuchs war ein Jurist von Fach.
»Sehr einfach«, spricht er, »liegt die Sach.
Das Vorderteil, ob viel, ob wenig,
Erhält mit Fug und Recht der König.
Dir aber, Vetter Isegrim,
Gebührt das Hinterteil. Da nimm!«

Bei diesem Wort trennt er genau
Das Schwänzlein hinten von der Sau;
Indes der Wolf verschmäht die Beute,
Verneigt sich kurz und geht beiseite.

»Fuchs«, sprach der Löwe, »bleibt bei mir.
Von heut an seid Ihr Großwesir.«

►•◄

Glaube

Stark in Glauben und Vertrauen,
Von der Burg mit festen Türmen
Kannst du dreist herniederschauen,
Keiner wird sie je erstürmen.

Laß sie graben, laß sie schanzen,
Stolze Ritter, grobe Bauern,
Ihre Flegel, ihre Lanzen
Prallen ab von deinen Mauern.

Aber hüte dich vor Zügen
In die Herrschaft des Verstandes,
Denn sogleich sollst du dich fügen
Den Gesetzen seines Landes.

Bald umringen dich die Haufen,
Und sie ziehen dich vom Rosse,
lind du mußt zu Fuße laufen
Schleunig heim nach deinem Schlosse.

►•◄

Scheu und treu

Er liebte sie in aller Stille.
Bescheiden, schüchtern und von fern
Schielt er nach ihr durch seine Brille
Und hat sie doch so schrecklich gern.

Ein Mücklein, welches an der Nase
Des schönen Kindes saugend saß,
Ertränkte sich in seinem Glase.
Es schmeckt' ihm fast wie Ananas.

Sie hatte Haare wie 'ne Puppe,
So unvergleichlich blond und kraus.
Einst fand er eines in der Suppe
Und zog es hochbeglückt heraus.

Er rollt es auf zu einem Löckchen,
Hat's in ein Medaillon gelegt.
Nun hängt es unter seinem Röckchen
Da, wo sein treues Herze schlägt.

►◄

Strebsam

Mein Sohn, hast du allhier auf Erden
Dir vorgenommen, was zu werden,

Sei nicht zu keck;

Und denkst du, sei ein stiller Denker.
Nicht leicht befördert wird der Stänker.
Mit Demut salbe deinen Rücken,
Voll Ehrfurcht hast du dich zu bücken,
Mußt heucheln, schmeicheln, mußt dich fügen,
Denn selbstverständlich nur durch Lügen

Kommst du vom Fleck.

Oh, tu's mit Eifer, tu's geduldig,
Bedenk, was du dir selber schuldig.
Das Gönnerherz wird sich erweichen,
Und wohl verdient wirst du erreichen

Den guten Zweck.

►•◄

Kopf und Herz

Wie es scheint, ist die Moral
Nicht so bald beleidigt,
Während Schlauheit allemal
Wütend sich verteidigt.

Nenn den Schlingel liederlich,
Leicht wird er's verdauen;
Nenn ihn dumm, so wird er dich,
Wenn er kann, verhauen.

Sonst und jetzt

Wie standen ehedem die Sachen
So neckisch da in ihrem Raum.
Schwer war's, ein Bild davon zu machen,
Und selbst der Beste konnt' es kaum.

Jetzt, ohne sich zu überhasten,
Stellt man die Guckmaschine fest
Und zieht die Bilder aus dem Kasten,
Wie junge Spatzen aus dem Nest.

►◄

Der kluge Kranich

»Ich bin mal so«, sprach Förster Knast,
»Die Flunkerei ist mir verhaßt,
Doch sieht man oft was Sonderbares.

Im Frühling vor fünf Jahren war es,
Als ich stockstill, den Hahn gespannt,
Bei Mondschein vor dem Walde stand.
Da läßt sich plötzlich flügelsausend
Ein Kranichheer, wohl an die tausend,
Ganz dicht zu meinen Füßen nieder.
Sie kamen aus Ägypten wieder
Und dachten auf der Reise nun
Sich hier ein Stündchen auszuruhn.

Ich selbstverständlich, schlau und sacht,
Gab sehr genau auf alles acht.

›Du, Hans‹, so rief der Oberkranich,
›Hast heut die Wache, drum ermahn' ich
Dich ernstlich, halt dich stramm und paß
Gehörig auf, sonst gibt es was.‹

Bald schlief ein jeder ein und sägte.
Hans aber stand und überlegte.

Er nahm sich einen Kieselstein,
Erhob ihn mit dem rechten Bein
Und hielt sich auf dem linken nur
In Gleichgewicht und Positur.

Der arme Kerl war schrecklich müd.
Erst fiel das linke Augenlid.
Das rechte blinzelt zwar noch schwach,
Dann aber folgt's dem andern nach.
Er schnarcht sogar. Ich denke schon:
Wie wird es dir ergehn, mein Sohn?
So denk ich, doch im Augenblick,
Als ich es dachte, geht es klick!
Der Stein fiel Hänschen auf die Zeh,
Das weckt ihn auf, er schreit: ›Auweh!‹

Er schaut sich um, hat mich gewittert,
Pfeift, daß es Mark und Bein erschüttert,
Und allsogleich im Winkelflug
Entschwebt der ganze Heereszug.

Ich rief ›Hurra!‹ und schwang den Hut.
Der Vogel, der gefiel mir gut.
Er lebt auch noch. Schon oft seither
Sah man ihn fern am Schwarzen Meer
Auf einem Bein auf Posten stehn.

Dies schreibt mein Freund, der Kapitän,
Und was er sagt, ist ohne Frage
So wahr, als was ich selber sage.«

▶◀

Gemartert

Ein gutes Tier
Ist das Klavier,
Still, friedlich und bescheiden,
Und muß dabei
Doch vielerlei
Erdulden und erleiden.

Der Virtuos
Stürzt darauf los
Mit hochgesträubter Mähne.
Er öffnet ihm
Voll Ungestüm
Den Leib, gleich der Hyäne.

Und rasend wild,
Das Herz erfüllt
Von mörderlicher Freude,
Durchwühlt er dann,
Soweit er kann,
Des Opfers Eingeweide.

Wie es da schrie,
Das arme Vieh,
Und unter Angstgewimmer
Bald hoch, bald tief
Um Hilfe rief,
Vergeß ich nie und nimmer.

▸◂

Das Brot

Er saß beim Frühstück äußerst grämlich,
Da sprach ein Krümchen Brot vernehmlich:

»Aha, so ist es mit dem Orden
Für diesmal wieder nichts geworden.
Ja Freund, wer seinen Blick erweitert
Und schaut nach hinten und nach vorn,
Der preist den Kummer, denn er läutert.
Ich selber war ein Weizenkorn.
Mit vielen, die mir anverwandt,
Lag ich im rauhen Ackerland.
Bedrückt von einem Erdenkloß,
Macht' ich mich mutig strebend los.
Gleich kam ein alter Has gehupft
Und hat mich an der Nas gezupft,
Und als es Winter ward, verfror,
Was peinlich ist, mein linkes Ohr,
Und als ich reif mit meiner Sippe,
O weh, da hat mit seiner Hippe
Der Hans uns rutschweg abgesäbelt
Und zum Ersticken festgeknebelt
Und auf die Tenne fortgeschafft,
Wo ihrer vier mit voller Kraft
In regelrechtem Flegeltakte
Uns klopften, daß die Schwarte knackte.
Ein Esel trug uns nach der Mühle.
Ich sage dir, das sind Gefühle,
Wenn man, zerrieben und gedrillt
Zum allerfeinsten Staubgebild,
Sich kaum besinnt und fast vergißt,
Ob Sonntag oder Montag ist.
Und schließlich schob der Bäckermeister,
Nachdem wir erst als zäher Kleister
In seinem Troge baß gehudelt,

Vermengt, geknetet und vernudelt,
Uns in des Ofens höchste Glut.
Jetzt sind wir Brot. Ist das nicht gut?
Frischauf, du hast genug, mein Lieber,
Greif zu und schneide nicht zu knapp
Und streiche tüchtig Butter drüber
Und gib den andern auch was ab.«

▸•◂

Verwunschen

»Geld gehört zum Ehestande,
Häßlichkeit ist keine Schande,
Liebe ist beinah absurd.
Drum, du nimmst den Junker Jochen
Innerhalb der nächsten Wochen!« –
Also sprach der Ritter Kurt.

»Vater«, flehte Kunigunde,
»Schone meine Herzenswunde,
Ganz umsonst ist dein Bemühn.
Ja, ich schwör's bei Erd und Himmel,
Niemals nehm' ich diesen Lümmel,
Ewig, ewig hass' ich ihn!«

»Nun, wenn Worte nicht mehr nützen,
Dann so bleibe ewig sitzen,
Marsch mit dir ins Burgverlies!«
Zornig sagte dies der Alte,
Als er in die feuchte, kalte
Kammer sie hinunterstieß.

Jahre kamen, Jahre schwanden.
Nichts im Schlosse blieb vorhanden
Außer Kunigundens Geist.

Dort, wo graue Ratten rasseln,
Sitzt sie zwischen Kellerasseln,
Von dem Feuermolch umkreist.

Heut noch ist es nicht geheuer
In dem alten Burggemäuer
Um die Mitternacht herum.
»Wehe!« ruft ein weißes Wesen.
»Will denn niemand mich erlösen?«
Doch die Wände bleiben stumm.

▶•◀

Querkopf

Ein eigener Kerl war Krischan Bolte.
Er tat nicht gerne, was er sollte.
Als Kind schon ist er so gewesen.
Religion, Rechtschreiben und Lesen
Fielen für ihn nicht ins Gewicht:

Er sollte zur Schule und wollte nicht.

Später kam er zu Meister Pfriem.
Der zeigte ihm redlich und sagte ihm,
jedoch umsonst, was seine Pflicht:

Er sollte schustern und wollte nicht.

Er wollte sich nun mal nicht quälen,
Deshalb verfiel er auf das Stehlen.
Man faßt' ihn, stellt' ihn vor Gericht:

Er sollte bekennen und wollte nicht.

Trotzdem verdammt man ihn zum Tode.
Er aber blieb nach seiner Mode
Ein widerspenstiger Bösewicht:

Er sollte hängen und wollte nicht.

►•◄

Zauberschwestern

Zwiefach sind die Phantasien,
Sind ein Zauberschwesternpaar,
Sie erscheinen, singen, fliehen
Wesenlos und wunderbar.

Eine ist die himmelblaue,
Die uns froh entgegenlacht,
Doch die andre ist die graue,
Welche angst und bange macht.

Jene singt von lauter Rosen,
Singt von Liebe und Genuß;
Diese stürzt den Hoffnungslosen
Von der Brücke in den Fluß.

►•◄

Wie üblich

Suche nicht apart zu scheinen,
Wandle auf betretnen Wegen.
Meinst du, was die andern meinen,
Kommt man freundlich dir entgegen.

Mancher, auf dem Seitensteige,
Hat sich im Gebüsch verloren,
Und da schlugen ihm die Zweige
Links und rechts um seine Ohren.

Fink und Frosch

Auf leichten Schwingen frei und flink
Zum Lindenwipfel flog der Fink
Und sang an dieser hohen Stelle
Sein Morgenlied so glockenhelle.

Ein Frosch, ein dicker, der im Grase
Am Boden hockt, erhob die Nase,
Strich selbstgefällig seinen Bauch
Und denkt: Die Künste kann ich auch.

Alsbald am rauhen Stamm der Linde
Begann er, wenn auch nicht geschwinde,
Doch mit Erfolg, emporzusteigen,
Bis er zuletzt von Zweig zu Zweigen,
Wobei er freilich etwas keucht,
Den höchsten Wipfelpunkt erreicht
Und hier sein allerschönstes Quacken
Ertönen läßt aus vollen Backen.

Der Fink, dem dieser Wettgesang
Nicht recht gefällt, entfloh und schwang
Sich auf das steile Kirchendach.

»Wart«, rief der Frosch, »ich komme nach.«
Und richtig ist er fortgeflogen,
Das heißt, nach unten hin im Bogen,
So daß er schnell und ohne Säumen,
Nach mehr als zwanzig Purzelbäumen,
Zur Erde kam mit lautem Quack,
Nicht ohne großes Unbehagen.

Er fiel zum Glück auf seinen Magen,
Den dicken weichen Futtersack,
Sonst hätt er sicher sich verletzt.

Heil ihm! Er hat es durchgesetzt.

Der Wetterhahn

Wie hat sich sonst so schön der Hahn
Auf unserm Turm gedreht
Und damit jedem kundgetan,
Woher der Wind geweht.

Doch seit dem letzten Sturme hat
Er keinen rechten Lauf;
Er hängt so schief, er ist so matt,
Und keiner schaut mehr drauf.

Jetzt leckt man an den Finger halt
Und hält ihn hoch geschwind.
Die Seite, wo der Finger kalt,
Von daher weht der Wind.

▸◂

Sehnsucht

Schon viel zu lang
Hab ich der Bosheit mich ergeben.
Ich lasse töten, um zu leben,
Und bös macht bang.

Denn niemals ruht
Die Stimme in des Herzens Tiefe,
Als ob es zärtlich klagend riefe:
Sei wieder gut.

Und frisch vom Baum
Den allerschönsten Apfel brach ich.
Ich biß hinein, und seufzend sprach ich,
Wie halb im Traum:

Du erstes Glück,
Du alter Paradiesesfrieden,
Da noch kein Lamm den Volf gemieden,
O komm zurück!

►•◄

Noch zwei?

Durch das Feld ging die Familie,
Als mit glückbegabter Hand
Sanft errötend Frau Ottilie
Eine Doppelähre fand.

Was die alte Sage kündet,
Hat sich öfter schon bewährt:
Dem, der solche Ähren findet,
Wird ein Doppelglück beschert.

Vater Franz blickt scheu zur Seite.
Zwei zu fünf, das wäre viel.
Kinder, sprach er, aber heute
Ist es ungewöhnlich schwül.

►•◄

Die Meise

Auguste, wie fast jede Nichte,
Weiß wenig von Naturgeschichte.
Zu bilden sie in diesem Fache,
Ist für den Onkel Ehrensache.

»Auguste«, sprach er, »glaub es mir,
Die Meise ist ein nettes Tier.
Gar zierlich ist ihr Leibesbau,
Auch ist sie schwarz, weiß, gelb und blau.
Hell flötet sie und klettert munter
Am Strauch kopfüber und kopfunter.
Das härt'ste Korn verschmäht sie nicht,
Sie hämmert, bis die Schale bricht.
Mohnköpfchen bohrt sie mit Verstand
Ein Löchlein in den Unterrand,
Weil dann die Sämerei gelind
Von selbst in ihren Schnabel rinnt.

Nicht immer liebt man Fastenspeisen,
Der Grundsatz gilt auch für die Meisen.
Sie gucken scharf in alle Ritzen,
Wo fette Käferlarven sitzen,
Und fangen sonst noch Myriaden
Insekten, die dem Menschen schaden,
Und hieran siehst du außerdem,
Wie weise das Natursystem.« –
So zeigt er, wie die Sache lag.

Es war kurz vor Martinitag.
Wer dann vernünftig ist und kann's
Sich leisten, kauft sich eine Gans.

Auch an des Onkels Außengiebel
Hing eine solche, die nicht übel,
Um, nackt im Freien aufgehangen,
Die rechte Reife zu erlangen.
Auf diesen Braten freute sich
Der Onkel sehr und namentlich
Vor allem auf die braune Haut,
Obgleich er sie nur schwer verdaut.

Martini kam, doch kein Arom
Von Braten spürt' der gute Ohm.
Statt dessen trat voll Ungestüm
Die Nichte ein und zeigte ihm
Die Gans, die kaum noch Gans zu nennen,
Ein Scheusal, nicht zum Wiederkennen,
Zernagt beinah bis auf die Knochen.
Kein Zweifel war, wer dies verbrochen,
Denn deutlich lehrt der Augenschein,
Es konnten nur die Meisen sein.
Also ade! du braune Kruste.
»Ja, lieber Onkel«, sprach Auguste,
Die gern, nach weiblicher Manier,
Bei einem Irrtum ihn ertappt:
»Die Meise ist ein nettes Tier.
Da hast du wieder recht gehabt.«

▶•◀

Der alte Narr

Ein Künstler auf dem hohen Seil,
Der alt geworden mittlerweil,
Stieg eines Tages vom Gerüst
Und sprach: »Nun will ich unten bleiben
Und nur noch Hausgymnastik treiben,
Was zur Verdauung nötig ist.«

Da riefen alle: »Oh, wie schad!
Der Meister scheint doch allnachgrad
Zu schwach und steif zum Seilbesteigen!«

Ha! denkt er. Dieses wird sich zeigen!
Und richtig, eh der Markt geschlossen,
Treibt er aufs neu die alten Possen
Hoch in der Luft, und zwar mit Glück,
Bis auf ein kleines Mißgeschick.

Er fiel herab in großer Eile
Und knickte sich die Wirbelsäule.

»Der alte Narr! Jetzt bleibt er krumm!«
So äußert sich das Publikum.

▸◂

Seelenwanderung

Wohl tausendmal schon ist er hier
Gestorben und wiedergeboren,
Sowohl als Mensch wie auch als Tier,
Mit kurzen und langen Ohren.

Jetzt ist er ein armer blinder Mann,
Es zittern ihm alle Glieder,
Und dennoch, wenn er nur irgend kann,
Kommt er noch tausendmal wieder.

►•◄

Pfannkuchen und Salat

Von Fruchtomletts da mag berichten
Ein Dichter aus den höhern Schichten.

Wir aber, ohne Neid nach oben,
Mit bürgerlicher Zunge loben
Uns Pfannekuchen und Salat.

Wie unsere Liese delikat
So etwas backt und zubereitet,
Sei hier in Worten angedeutet.

Drei Eier, frisch und ohne Fehl,
Und Milch und einen Löffel Mehl,
Die quirlt sie fleißig durcheinand
Zu einem innigen Verband.

Sodann, wenn Tränen auch ein Übel,
Zerstückelt sie und mengt die Zwiebel
Mit Öl und Salz zu einer Brühe,
Daß der Salat sie an sich ziehe.

Um diesen ferner herzustellen,
Hat sie Kartoffeln abzupellen.
Da heißt es, fix die Finger brauchen,
Den Mund zu spitzen und zu hauchen,
Denn heiß geschnitten nur allein
Kann der Salat geschmeidig sein.

Hierauf so geht es wieder heiter
Mit unserm Pfannekuchen weiter.

Nachdem das Feuer leicht geschürt,
Die Pfanne sorgsam auspoliert,
Der Würfelspeck hineingeschüttelt,
So daß es lustig brät und brittelt,
Pisch, kommt darüber mit Gezisch
Das ersterwähnte Kunstgemisch.

Nun zeigt besonders und apart
Sich Lieschens Geistesgegenwart,
Denn nur zu bald, wie allbekannt,
Ist solch ein Kuchen angebrannt.

Sie prickelt ihn, sie stockert ihn,
Sie rüttelt, schüttelt, lockert ihn
Und lüftet ihn, bis augenscheinlich
Die Unterseite eben bräunlich,
Die umgekehrt geschickt und prompt
Jetzt ihrerseits nach oben kommt.

Geduld, es währt nur noch ein bissel,
Dann liegt der Kuchen auf der Schüssel.

Doch späterhin die Einverleibung,
Wie die zu Mund und Herzen spricht,
Das spottet jeglicher Beschreibung,
Und darum endet das Gedicht.

Unberufen

Gestützt auf seine beiden Krücken,
Die alte Kiepe auf dem Rücken,
Ging durch das Dorf ein Bettelmann
Und klopfte stets vergeblich an.

Erst aus dem allerletzten Haus
Kam eine gute Frau heraus,
Die grad den dritten Mann begraben,
Daher geneigt zu milden Gaben,
Und legt' in seines Korbes Grund
Ein Brot von mehr als sieben Pfund.

Ein schmaler Steg führt' gleich danach
Ihn über einen Rauschebach.

»Jetzt hab ich Brot, jetzt bin ich glücklich!«
So rief er froh, und augenblicklich
Fiel durch den Korb, der nicht mehr gut,
Sein Brot hinunter in die Flut.

Das kommt von solchem Übermut.

▶◄

Pst!

Es gibt ja leider Sachen und Geschichten,
Die reizend und pikant,
Nur werden sie von Tanten und von Nichten
Niemals genannt.

Verehrter Freund, so sei denn nicht vermessen,
Sei zart und schweig auch du.
Bedenk: Man liebt den Käse wohl – indessen,
Man deckt ihn zu.

Bewaffneter Friede

Ganz unverhofft, an einem Hügel,
Sind sich begegnet Fuchs und Igel.

»Halt«, rief der Fuchs, »du Bösewicht!
Kennst du des Königs Ordre nicht?
Ist nicht der Friede längst verkündigt,
Und weißt du nicht, daß jeder sündigt,
Der immer noch gerüstet geht?
Im Namen seiner Majestät
Geh her und übergib dein Fell.«

Der Igel sprach: »Nur nicht so schnell!
Laß dir erst deine Zähne brechen,
Dann wollen wir uns weitersprechen.«

Und allsogleich macht er sich rund,
Schließt seinen dichten Stachelbund
Und trotzt getrost der ganzen Welt,
Bewaffnet, doch als Friedensheld.

▶◀

Beschränkt

Halt dein Rößlein nur im Zügel,
Kommst ja doch nicht allzuweit.
Hinter jedem neuen Hügel
Dehnt sich die Unendlichkeit.
Nenne niemand dumm und säumig,
Der das Nächste recht bedenkt.
Ach, die Welt ist so geräumig,
Und der Kopf ist so beschränkt!

▶◀

Die Schnecken

Rötlich dämmert es im Westen,
Und der laute Tag verklingt,
Nur daß auf den höchsten Ästen
Lieblich noch die Drossel singt.

Jetzt in dichtbelaubten Hecken,
Wo es still verborgen blieb,
Rüstet sich das Volk der Schnecken
Für den nächtlichen Betrieb.

Tastend streckt sich ihr Gehörne.
Schwach nur ist das Augenlicht.
Dennoch – schon aus weiter Ferne
Wittern sie ihr Leibgericht.

Schleimig, säumig, aber stete,
Immer auf dem nächsten Pfad,
Finden sie die Gartenbeete
Mit dem schönsten Kopfsalat.

Hier vereint zu ernsten Dingen,
Bis zum Morgensonnenschein,
Nagen sie geheim und dringen
Tief ins grüne Herz hinein.

Darum braucht die Köchin Jettchen
Dieses Kraut nie ohne Arg.
Sorgsam prüft sie jedes Blättchen,
Ob sich nichts darin verbarg.

Sie hat Furcht, den Zorn zu wecken
Ihres lieben gnädgen Herrn.
Kopfsalat, vermischt mit Schnecken,
Mag der alte Kerl nicht gern.

Geschmacksache

Dies für den und das für jenen.
Viele Tische sind gedeckt.
Keine Zunge soll verhöhnen,
Was der andern Zunge schmeckt.

Lasse jedem seine Freuden,
Gönn ihm, daß er sich erquickt,
Wenn er sittsam und bescheiden
Auf den eignen Teller blickt.

Wenn jedoch bei deinem Tisch er
Unverschämt dich neckt und stört,
Dann so gib ihm einen Wischer,
Daß er merkt, was sich gehört.

►◄

Die Schändliche

Sie ist ein reizendes Geschöpfchen,
Mit allen Wassern wohl gewaschen;
Sie kennt die süßen Sündentöpfchen
Und liebt es, häufig draus zu naschen.

Da bleibt den sittlich Hochgestellten
Nichts weiter übrig, als mit Freuden
Auf diese Schandperson zu schelten
Und sie mit Schmerzen zu beneiden.

►◄

Die Tute

Wenn die Tante Adelheide
Als Logierbesuch erschien,
Fühlte Fritzchen große Freude,
Denn dann gab es was für ihn.

Immer hat die liebe Gute
Tief im Reisekorb versteckt
Eine angenehme Tute,
Deren Inhalt köstlich schmeckt.

Täglich wird dem braven Knaben
Draus ein hübsches Stück beschert,
Bis wir schließlich nichts mehr haben
Und die Tante weiterfährt.

Mit der Post fuhr sie von hinnen.
Fritzchens Trauer ist nur schwach.
Einer Tute, wo nichts drinnen,
Weint man keine Träne nach.

►•◄

Die Affen

Der Bauer sprach zu seinem Jungen:
»Heut in der Stadt da wirst du gaffen.
Wir fahren hin und sehn die Affen.

Es ist gelungen
Und um sich schiefzulachen,
Was die für Streiche machen
Und für Gesichter,
Wie rechte Bösewichter.
Sie krauen sich,

Sie zausen sich,
Sie hauen sich,
Sie lausen sich,
Beschnuppern dies, beknuppern das,
Und keiner gönnt dem andern was,
Und essen tun sie mit der Hand,
Und alles tun sie mit Verstand,
Und jeder stiehlt als wie ein Rabe.
Paß auf, das siehst du heute.« –

»O Vater«, rief der Knabe,
»Sind Affen denn auch Leute?« –

Der Vater sprach: »Nun ja,
Nicht ganz, doch so beinah.«

►•◄

Durchweg lebendig

Nirgends sitzen tote Gäste.
Allerorten lebt die Kraft.
Ist nicht selbst der Fels, der feste,
Eine Kraftgenossenschaft?

Durch und durch aus Eigenheiten,
So und so zu sein bestrebt,
Die sich lieben, die sich streiten,
Wird die bunte Welt gewebt.

Hier gelingt es, da mißglückt es.
Wünsche finden keine Rast.
Unterdrücker, Unterdrücktes,
Jedes Ding hat seine Last.

►•◄

Nicht beeidigt

Willst du gelobt sein, so verzichte
Auf kindlich blödes Wesen.
Entschließ dich, deine himmlischen Gedichte
Den Leuten vorzulesen.

Die Welt ist höflich und gesellig,
Und eh man dich beleidigt,
Sagt wohl ein jeder leicht, was dir gefällig,
Denn keiner ist beeidigt.

►•◄

Nachruhm

Ob er gleich von hinnen schied,
Ist er doch geblieben,
Der so manches schöne Lied
Einst für uns geschrieben.

Unser Mund wird ihn entzückt
Lange noch erwähnen,
Und so lebt er hochbeglückt
Zwischen hohlen Zähnen.

►•◄

Kränzchen

In der ersten Nacht des Maien
Läßt's den Hexen keine Ruh.
Sich gesellig zu erfreuen,
Eilen sie dem Brocken zu.

Dorten haben sie ihr Kränzchen.
Man verleumdet, man verführt,
Macht ein lasterhaftes Tänzchen,
Und der Teufel präsidiert.

►◄

Die Seelen

Der Fährmann lag in seinem Schiff
Beim Schein des Mondenlichts,
Als etwas kam und rief und pfiff,
Doch sehen tat er nichts.

Ihm war, als stiegen hundert ein.
Das Schifflein wurde schwer.
Flink, Fährmann, fahr uns übern Rhein,
Die Zahlung folgt nachher.

Und als er seine Pflicht getan,
Da ging es klinglingling,
Da warf ein Goldstück in den Kahn
jedwedes Geisterding.

Husch, weg und weiter zog die Schar.
Verwundert steht der Mann:
So Seelen sind zwar unsichtbar
Und doch ist etwas dran.

Schein und Sein

Zu Neujahr

Will das Glück nach seinem Sinn
Dir was Gutes schenken,
Sage Dank und nimm es hin
Ohne viel Bedenken.

Jede Gabe sei begrüßt,
Doch vor allen Dingen:
Das, worum du dich *bemühst,*
Möge dir gelingen.

►•◄

Peinlich berührt

Im Dorfe wohnt ein Vetter,
Der gut versichert war
Vor Brand und Hagelwetter
Nun schon im zehnten Jahr.

Doch nie seit dazumalen
Ist ein Malheur passiert,
Und so für nichts zu zahlen,
Hat peinlich ihn berührt.

Jetzt, denkt er, überlasse
Dem Glück ich Feld und Haus.
Ich pfeife auf die Kasse.
Und schleunig trat er aus.

O weh, nach wenig Tagen
Da hieß es: »Zapperment!
Der Weizen ist zerschlagen
Und Haus und Scheune brennt.«

Ein Narr hat Glück in Masse,
Wer klug, hat selten Schwein.
Und schleunig in die Kasse
Trat er halt wieder ein.

►•◄

Der Türmer

Der Türmer steht auf hohem Söller
Und raucht sein Pfeifchen echten Kneller,
Wobei der alte Invalid
Von oben her die Welt besieht.

Es kommt der Sommer allgemach.
Die Schwalben fliegen um das Dach,
Derweil schon manche stillbeglückt
Im Neste sitzt und fleißig drückt.
Zugleich tritt aus dem Gotteshaus
Ein neuvermähltes Paar heraus,
Das darf sich nun in allen Ehren
Getreulich lieben und vermehren. –
Der Sommer kam, und allenthalten

Schwebt ungezählt das Heer der Schwalben,
Die, wenn sie flink vorüberflitzen,
Des Türmers alten Hut beschmitzen.
Vom Platze unten tönt Juchhei,
Die Klosterschüler haben frei,
Sie necken, schrecken, jagen sich,
Sie schlagen und vertrauen sich
Und grüßen keck mit Hohngelächter
Des Turmes hochgestellten Wächter. –

Der Sommer ging, die Schwalben setzen
Sich auf das Kirchendach und schwätzen.

Sie warten, bis der Abend da,
Dann flogen sie nach Afrika.
Doch unten, wo die Fackeln scheinen,
Begraben sie mal wieder einen
Und singen ihm nach frommer Weise
Ein Lebewohl zur letzten Reise.

Bedenklich schaut der Türmer drein.
Still geht er in sein Kämmerlein
Zu seinem großen Deckelkrug,
Und als die Glocke zehne schlug,
Nahm er das Horn mit frischem Mut
Und blies ein kräftiges Tuhuht.

►◄

Was das Großmütterlein sang

Surre surre surre!

Mein gutes Rädchen schnurre!
Für unser kleines Kätchen
Dreh mir ein feines Fädchen
So lang von hier bis Köllen
Wohl mehr als tausend Ellen.

Wir wollen es winden
Und Docken von binden,
Meister Weber es geben,
Soll Leinen uns weben,
Das breiten wir beide
Auf blumige Heide,
Auf Anger und Wiesen
Und wollen es sonnen,
Benetzen und gießen
Aus Bächen und Bronnen.

Ach, komm du lieber Sonnenschein
Und bleiche unser Leinen rein.

Dann kriegt mein Herzenstäubchen
Wohl manch ein feines Hemd
Und Tüchlein oder Häubchen,
Bis daß der Freier kömmt.

»Schön' guten Tag, Herr Freiersmann!
Was schaut er so mein Kätchen an?
Das Kätchen geben wir nicht her,
Und wenn's für tausend Taler wär'.«

»Ei Mutter, nur nicht gleich geschmält!
Den hübschen jungen Knaben,
Den will und muß ich haben;
Den Krauskopf, den Krauskopf
Hab ich mir auserwählt.«

»Und willst du denn ein Bräutchen sein,
So geb' ich meinen Segen drein.
So manches Blümlein wachsen mag
Von Ostern bis Michelistag,

So manches Körnlein, als man sät,
So mancher Halm in Ähren steht,
So vielmal Gutes wünsch' ich dir
Aus meines Herzens Grund herfür.

Und wenn die Pfeifen klingen,
Dann tanzen wir und springen;
Dann spring' ich wohl und tanz' ich
Von Danzig bis nach Nanzig –
Knipp knapp!
Da reißt mein Faden ab!«

Rechthaber

Seine Meinung ist die rechte,
Wenn er spricht, müßt ihr verstummen,
Sonst erklärt er euch für Schlechte
Oder nennt euch gar die Dummen.

Leider sind dergleichen Strolche
Keine seltene Erscheinung.
Wer nicht taub, der meidet solche
Ritter von der eignen Meinung.

▸•◂

Gründliche Heilung

Es saß der fromme Meister
Mit Weib und Kind bei Tisch.
Ach, seine Lebensgeister
Sind nicht wie sonst so frisch.

Er sitzt mit krummem Nacken
Vor seinem Leibgericht,
Er hält sich beide Backen,
Worin es heftig sticht.

Das brennt wie heiße Kohlen.
»Au«, schreit er, »au, verdammt!
Der Teufel soll sie holen,
Die Zähne allesamt!«

Doch gleich, wie es in Nöten
Wohl öfter schon geschah,
Begann er laut zu beten:
»Hilf, Apollonia!«

Kaum daß aus voller Seele
Er diesen Spruch getan,
Fällt aus des Mundes Höhle
Ihm plötzlich jeder Zahn.

Und schmerzlos, Dank dem Himmel,
Schmaust er, wie sonst der Brauch,
Nur war es mehr Gemümmel,
Und lispeln tät er auch.

»Pohsit!« Wie klingt so niedlich
Des Meisters Säuselton.
Er trank, entschlummert friedlich,
Und horch, da schnarcht er schon.

▶◀

Das traurige Röslein

Ein Röslein war gar nicht munter,
Weil es im Topfe stand,
Sah immer traurig hinunter
Auf die Blumen im freien Land.

Die Blumen nicken und winken:
»Wie ist es im Freien so schön,
Zu tanzen und Tau zu trinken
Bei lustigem Windeswehn.
Von bunten Schmetterlingen
Umgaukelt, geschmeichelt, geküßt;
Dazwischen der Vöglein Singen
Anmutig zu hören ist.
Wir preisen dich und loben
Dich, fröhliche Sommerzeit;
Ach, Röslein am Fenster droben,
Du tust uns auch gar zu leid.«
Da ist ins Land gekommen

Der Winter mit seiner Not.
In Schnee und Frost verklommen,
Die Blumen sind alle tot.
Ein Mägdlein hört es stürmen,
Macht fest das Fenster zu.
Jetzt will ich dich pflegen und schirmen,
Du liebes Röslein du.

►◄

Erbauliche Bescheidenheit

Sehr schlecht befand sich Mutter Klöhn.
Sie kann nicht gehn,
Ist krumm und lahm
Und liegt zu Bett und rührt sich nicht.
Seit zwanzig Jahren hat sie schon die Gicht.

Herr Küster Bötel, welcher häufig kam,
Um gute Beßrung ihr zu wünschen,
Erzählt ihr auch des weitern,
Um sie ein wenig zu erheitern,
Die Mordgeschichte, die man jüngst verbrochen.

»Ja, denken Sie nur mal,
Der Präsident von Frankreich ist erstochen
Von einem Strolch
Mit einem Dolch.
Ist das nicht ein Skandal?«

»Oh, Lü und Kinners«, rief sie voller Graun,
»Wat gift et doch vär Minschen.

Sau wat könn e c k doch nich e daun!«
Herr Bütel sprach und sah sie freundlich an:
»Dies Wort von Ihnen mag ich leiden.
Ein guter Mensch ist niemals unbescheiden

Und tut nicht mehr, als was er kann.
Adieu, Frau Klöhn!
Auf fröhlich Wiedersehn!«

►◄

Bös und gut

Wie kam ich nur aus jenem Frieden
Ins Weltgetös?
Was einst vereint, hat sich geschieden,
Und das ist bös.

Nun bin ich nicht geneigt zum Geben,
Nun heißt es: Nimm!
Ja, ich muß töten, um zu leben,
Und das ist schlimm.

Doch eine Sehnsucht blieb zurücke,
Die niemals ruht.
Sie zieht mich heim zum alten Glücke,
Und das ist gut.

►◄

Frühlingslied

In der Laube von Syringen,
Oh, wie ist der Abend fein.
Brüder, laßt die Gläser klingen,
Angefüllt mit Maienwein.

Heija, der frische Mai,
Er bringt uns mancherlei.
Das Schönste aber hier auf Erden
Ist lieben und geliebt zu werden,
Heija, im frischen Mai.

Über uns die lieben Sterne
Blinken hell und frohgemut,
Denn sie sehen schon von ferne,
Auch hier unten geht es gut.

Wer sich jetzt bei trüben Kerzen
Der Gelehrsamkeit befleißt,
Diesem wünschen wir von Herzen,
Daß er bald Professor heißt.

Wer als Wein- und Weiberhasser
jedermann im Wege steht,
Der genieße Brot und Wasser,
Bis er endlich in sich geht.

Wem vielleicht sein altes Hannchen
Irgendwie abhanden kam,
Nur getrost, es gab schon manchen,
Der ein neues Hannchen nahm.

Also, eh der Mai zu Ende,
Aufgeschaut und umgeblickt,
Keiner, der nicht eine fände,
Die ihn an ihr Herze drückt.

Jahre steigen auf und nieder;
Aber wenn der Lenz erblüht,
Dann, ihr Brüder, immer wieder
Töne unser Jubellied.

Heija, der frische Mai,
Er bringt uns mancherlei,
Das Schönste aber hier auf Erden
Ist lieben und geliebt zu werden,
Heija, im frischen Mai.

Immerhin

Mein Herz, sei nicht beklommen,
Noch wird die Welt nicht alt.
Der Frühling ist wiedergekommen,
Frisch grünt der deutsche Wald.

Seit Ururvätertagen
Stehen die Eichen am See,
Die Nachtigallen schlagen,
Zur Tränke kommt das Reh.

Die Sonne geht auf und unter
Schon lange vieltausendmal,
Noch immer eilen so munter
Die Bächlein ins blühende Tal.

Hier lieg' ich im weichen Moose
Unter dem rauschenden Baum,
Die Zeit, die wesenlose,
Verschwindet als wie ein Traum.

Von kühlen Schatten umdämmert,
Versink' ich in selige Ruh;
Ein Specht, der lustig hämmert,
Nickt mir vertraulich zu.

Mir ist, als ob er riefe:
»Heija, mein guter Gesell,
Für ewig aus dunkler Tiefe
Sprudelt der Lebensquell.«

▸•◂

In trauter Verborgenheit

Ade, ihr Sommertage,
Wie seid ihr so schnell enteilt,
Gar mancherlei Lust und Plage
Habt ihr uns zugeteilt.

Wohl war es ein Entzücken,
Zu wandeln im Sonnenschein,
Nur die verflixten Mücken
Mischten sich immer darein.

Und wenn wir auf Waldeswegen
Dem Sange der Vögel gelauscht,
Dann kam natürlich ein Regen
Auf uns herniedergerauscht.

Die lustigen Sänger haben
Nach Süden sich aufgemacht,
Bei Tage krächzen die Raben,
Die Käuze schreien bei Nacht.

Was ist das für Gesause!
Es stürmt bereits und schneit.
Da bleiben wir zwei zu Hause
In trauter Verborgenheit.

Kein Wetter kann uns verdrießen.
Mein Liebchen, ich und du,
Wir halten uns warm und schließen
Hübsch feste die Türen zu.

▶◀

Verfrüht

»Papa, nicht wahr,
Im nächsten Jahr,
Wenn ich erst groß
Und lesen kann und schreiben kann,
Dann krieg ich einen hübschen Mann
Mit einer Ticktackuhr
An einer goldnen Schnur.
Der nimmt mich auf den Schoß
Und sagt zu mir: ›Mein Engel‹,
Und gibt mir Zuckerkrengel
Und Kuchen und Pasteten.
Nicht wahr, Papa?«

Der Vater brummt: »Na, na,
Was ist das für Gefabel.
Die Vögel, die dann flöten,
Die haben noch keinen Schnabel.«

►◄

Unbequem

Ernst und dringend folgt mir eine
Mahnung nach auf Schritt und Tritt:
Sorge nicht nur für das Deine,
Sondern für das andre mit.

Demnach soll ich unterlassen,
Was mir von Natur genehm,
Um das Gute zu erfassen?
Ei, das ist mal unbequem.

►◄

Ich bin Papa

Mitunter schwitzen muß der Schreiner,
Er stößt auf manchen harten Ast.
So geht es auch, wenn unsereiner
Sich mit der Grübelei befaßt.

Zum Glück hat meine gute Frau,
Die liebevoll an alles denkt,
Mir einen kleinen Fritz geschenkt,
Denn oft erfreut mich dieser Knabe
Durch seinen kindlichen Radau,
Wenn ich so meine Schrullen habe.

Heut mittag gab es wieder mal
Mein Leibgericht, gespickten Aal,
Und wie ich dann zur Körperpflege,
Die Weste auf, die Augen zu,
Die Hände friedlich auf dem Magen,
Im Polsterstuhl mich niederlege,
O weh, ein Schwarm von dummen Fragen
Verscheucht die heißersehnte Ruh.

Ach, wird es mir denn niemals klar,
Wo ich gewesen, eh ich war?
Schwamm ich, verkrümelt in Atome,
Gedankenlos im Wirbelstrome,
Bis ich am Ende mich verdichtet
Zu einer denkenden Person?
Und jetzt, was hab' ich ausgerichtet?
Was war der Mühe karger Lohn?
Das Geld ist rar, die Kurse sinken,
Dagegen steigt der Preis der Schinken.

Fast jeden Morgen klagt die Mutter:
»Ach Herr, wie teuer ist die Butter!«

Ja, selbst der Vater wird gerührt,
Wenn er sein kleines Brötchen schmiert.
Und doch, trotz dieser Seelenleiden,
Will keiner gern von hinnen scheiden.
Wer weiß?

Ei sieh, wer kommt denn da?
Hallo, der Fritz! Nun wird es heiter,
Nun machen wir den Eselreiter.
Flugs stell' ich mich auf alle viere,
Indem ich auf und ab marschiere,
Und rufe kräftig mein »Ih – ah!«
Vor Wähligkeit und Übermut.

»Ih – ah!« Die Welt ist nicht so übel.
Wozu das närrische Gegrübel?
Ich bin Papa, und damit gut.

▶•◀

Laß ihn

Er ist verliebt, laß ihn gewähren,
Bekümmre dich um dein Pläsier,
Und kommst du gar, ihn zu bekehren,
Wirft er dich sicher vor die Tür.

Mit Gründen ist da nichts zu machen.
Was einer mag, ist seine Sach,
Denn kurz gesagt: In Herzenssachen
Geht jeder seiner Nase nach.

▶•◀

Immerfort

Das Sonnenstäubchen fern im Raume,
Das Tröpfchen, das im Grase blinkt,
Das dürre Blättchen, das vom Baume
Im Hauch des Windes niedersinkt –

Ein jedes wirkt an seinem Örtchen
Still weiter, wie es muß und mag,
ja, selbst ein leises Flüsterwörtchen
Klingt fort bis an den Jüngsten Tag.

►•◄

Zwei Jungfern

Zwei Jungfern gibt es in Dorf und Stadt,
Sie leben beständig im Kriege,
Die Wahrheit, die niemand gerne hat,
Und die scharmante Lüge.

Vor jener, weil sie stolz und prüd
Und voll moralischer Nücken,
Sucht jeder, der sie nur kommen sieht,
Sich schleunigst wegzudrücken.

Die andre, obwohl ihr nicht zu traun,
Wird täglich beliebter und kecker,
Und wenn wir sie von hinten beschaun,
So hat sie einen Höcker.

►•◄

Wiedergeburt

Wer nicht will, wird nie zunichte,
Kehrt beständig wieder heim.
Frisch herauf zum alten Lichte
Dringt der neue Lebenskeim.

Keiner fürchtet zu versinken,
Der ins tiefe Dunkel fährt.
Tausend Möglichkeiten winken
Ihm, der gerne wiederkehrt.

Dennoch seh' ich dich erbeben,
Eh' du in die Urne langst.
Weil dir bange vor dem Leben,
Hast du vor dem Tode Angst.

▸◂

Nörgeln

Nörgeln ist das allerschlimmste,
Keiner ist davon erbaut;
Keiner fährt, und wär's der Dümmste,
Gern aus seiner werten Haut.

▸◂

Glückspilz

Geboren ward er ohne Wehen
Bei Leuten, die mit Geld versehen.
Er schwänzt die Schule, lernt nicht viel,
Hat Glück bei Weibern und im Spiel,
Nimmt eine Frau sich, eine schöne,
Erzeugt mit ihr zwei kluge Söhne,

Hat Appetit, kriegt einen Bauch,
Und einen Orden kriegt er auch,
Und stirbt, nachdem er aufgespeichert
Ein paar Milliönchen, hochbetagt;
Obgleich ein jeder weiß und sagt:
»Er war mit Dummerjan geräuchert!«

▸•◂

Tröstlich

Die Lehre von der Wiederkehr
Ist zweifelhaften Sinns.
Es fragt sich sehr, ob man nachher
Noch sagen kann: Ich bin's.

Allein was tut's, wenn mit der Zeit
Sich ändert die Gestalt?
Die Fähigkeit zu Lust und Leid
Vergeht wohl nicht so bald.

▸•◂

Bis auf weiters

Das Messer blitzt, die Schweine schrein,
Man muß sie halt benutzen,
Denn jeder denkt: Wozu das Schwein,
Wenn wir es nicht verputzen?

Und jeder schmunzelt, jeder nagt
Nach Art der Kannibalen,
Bis man dereinst Pfui Teufel sagt
Zum Schinken aus Westfalen.

▸•◂

Unfrei

Ganz richtig, diese Welt ist nichtig.
Auch du, der in Person erscheint,
Bist ebenfalls nicht gar so wichtig,
Wie deine Eitelkeit vermeint.

Was hilft es dir, damit zu prahlen,
Daß du ein freies Menschenkind?
Mußt du nicht pünktlich Steuern zahlen,
Obwohl sie dir zuwider sind?

Wärst du vielleicht auch, sozusagen,
Erhaben über gut und schlecht,
Trotzdem behandelt dich dein Magen
Als ganz gemeinen Futterknecht.

Lang bleibst du überhaupt nicht munter.
Das Alter kommt und zieht dich krumm
Und stößt dich rücksichtslos hinunter
Ins dunkle Sammelsurium.

Daselbst umfängt dich das Gewimmel
Der Unsichtbaren, wie zuerst,
Eh' du erschienst, und nur der Himmel
Weiß, ob und wann du wiederkehrst.

►◄

Frisch gewagt

Es kamen mal zwei Knaben
An einen breiten Graben.
Der erste sprang hinüber,
Schlankweg je eh'r, je lieber.
War das nicht keck?

Der zweite, fein besonnen,
Eh' er das Werk begonnen,
Sprang in den Dreck.

▸•◂

Vertraut

Wie liegt die Welt so frisch und tauig
Vor mir im Morgensonnenschein.
Entzückt vom hohen Hügel schau ich
Ins frühlingsgrüne Tal hinein.

Mit allen Kreaturen bin ich
In schönster Seelenharmonie.
Wir sind verwandt, ich fühl' es innig,
Und eben darum lieb' ich sie:

Und wird auch mal der Himmel grauer;
Wer voll Vertraun die Welt besieht,
Den freut es, wenn der Regenschauer
Mit Sturm und Blitz vorüberzieht.

▸•◂

Armer Haushalt

Weh, wer ohne rechte Mittel
Sich der Poesie vermählt.
Täglich dünner wird der Kittel,
Und die Milch im Hause fehlt.

Ängstlich schwitzend muß er sitzen,
Fort ist seine Seelenruh,
Und vergeblich an den Zitzen
Zupft er seine magre Kuh.

►•◄

Versäumt

Zur Arbeit ist kein Bub geschaffen,
Das Lernen findet er nicht schön;
Er möchte träumen, möchte gaffen
Und Vogelnester suchen gehn.

Er liebt es, lang im Bett zu liegen.
Und wie es halt im Leben geht:
Grad zu den frühen Morgenzügen
Kommt man am leichtesten zu spät.

►•◄

Entrüstet

Zu gräßlich hatt' er mich geneckt.
Wie weh war mir zu Sinn.
Und tief gekränkt und aufgeschreckt
Zum Kirchhof lief ich hin.
Ich saß auf einem Leichenstein,
Die Augen weint' ich rot.
Ach lieber Gott, erbarm dich mein
Und mach mich endlich tot.
Sieht er mich dann in meinem Sarg,
So wird er lebenssatt
Und stirbt vor Gram, weil er so arg
Mein Herz behandelt hat.
Kaum war's gesagt, so legten sich
Zwei Arme um mich her,
Und auf der Stelle fühlte ich,
Wer das getan, war er.
Wir kehrten Arm in Arm zurück.
Ich sah ihn an bei Licht.
Nein, solchen treuen Liebesblick
Hat doch kein Bösewicht.

▸•◂

Vergeblich

Schon recht. Du willst als Philosoph
Die Wahrheit dir gewinnen;
Du machst mit Worten ihr den Hof,
Um so sie einzuspinnen.

Nur sage nicht, daß zwischen dir
Und ihr schon alles richtig.
Sie ist und bleibt, das wissen wir,
Jungfräulich, keusch und züchtig.

477

Gründer

Geschäftig sind die Menschenkinder,
Die große Zunft von kleinen Meistern,
Als Mitbegründer, Miterfinder
Sich diese Welt zurechtzukleistern.

Nur leider kann man sich nicht einen,
Wie man das Ding am besten mache.
Das Bauen mit belebten Steinen
Ist eine höchst verzwickte Sache.

Welch ein Gedrängel und Getriebe
Von Lieb und Haß bei Nacht und Tage,
Und unaufhörlich setzt es Hiebe,
Und unaufhörlich tönt die Klage.

Gottlob, es gibt auch stille Leute,
Die meiden dies Gewühl und hassen's
Und bauen auf der andern Seite
Sich eine Welt des Unterlassens.

►◄

Ärgerlich

Aus der Mühle schaut der Müller,
Der so gerne mahlen will.
Stiller wird der Wind und stiller,
Und die Mühle stehet still.

»So geht's immer, wie ich finde«,
Rief der Müller voller Zorn.
»Hat man Korn, so fehlt's am Winde,
Hat man Wind, so fehlt das Korn.«

So nicht

Ums Paradies ging eine Mauer
Hübsch hoch vom besten Marmelstein.
Der Kain, als ein Bub, ein schlauer,
Denkt sich: Ich komme doch hinein.

Er stieg hinauf zu diesem Zwecke
An einer Leiter mäuschenstumm.
Da schlich der Teufel um die Ecke
Und stieß ihn samt der Leiter um.

Der Vater Adam, der's gesehen,
Sprach, während er ihn liegen ließ:
»Du Schlingel! Dir ist recht geschehen.
So kommt man nicht ins Paradies.«

▶•◀

Gedrungen

Schnell wachsende Keime
Welken geschwinde;
Zu lange Bäume
Brechen im Winde.

Schätz nach der Länge
Nicht das Entsprungne;
Fest im Gedränge
Steht das Gedrungne.

▶•◀

Fehlgeschossen

Fritz war ein kecker Junge
Und sehr geläufig mit der Zunge.
Einstmals ist er beim Ährenlesen
Draußen im Felde gewesen,
Wo die Weizengarben, je zu zehn,
Wie Häuslein in der Reihe stehn.
Ein Wetter zog herauf.
Da heißt es: »Lauf!«
Und flink wie ein Mäuslein
Schlüpft er ins nächste Halmenhäuslein.
Krach! – Potztausend noch mal!
Dicht daneben zündet der Wetterstrahl.
»Ätsch!« rief der Junge, der nicht bange,
Und streckt die Zunge aus, die lange:
»Fehlgeschossen, Herr Blitz!
Hier saß der Fritz!«

▶◀

Das Blut

Wie ein Kranker, den das Fieber
Heiß gemacht und aufgeregt,
Sich herüber und hinüber
Auf die andre Seite legt –

So die Welt. Vor Haß und Hader
Hat sie niemals noch geruht.
Immerfort durch jede Ader
Tobt das alte Sünderblut.

▶◀